Die Panzertruppen

Die Panzertruppen

und ihr Zusammenwirken mit den anderen Waffen

Von

Heinz Guderian

Generaloberst

Dritte Auflage

Mit 16 Abbildungen auf Tafeln

Verlag von E. S. Mittler & Sohn / Berlin 1940

Die Bilder stammen aus folgenden Quellen:
Scherls Bilderdienst, Berlin (Bilder 3, 4, 6, 7, 8, 9, 11, 13, 14); Weltbild GmbH., Berlin (Bilder 2, 5, 10, 12); Pressebildzentrale, Berlin (Bild 1); Presse Photo, Berlin (Bild 15); Associated Press, Berlin (Bild 16)

Vorwort zur dritten Auflage

Die dritte Auflage der Schrift „Die Panzertruppe" erscheint mitten im Kriege. Die junge Waffe hat sich in den Feldzügen in Polen, Norwegen, Holland, Belgien und Frankreich bewährt und einen nicht zu übersehenden Anteil an den Erfolgen des Heeres gehabt. Diese Tatsache beweist, daß wir mit unserer taktischen und technischen Entwicklung auf dem richtigen Wege sind, und verleiht der Schrift nach wie vor ihren Wert.

Für weitgehende Schilderungen aus dem gegenwärtigen Kriege ist die Zeit noch nicht reif.

Der Verfasser

Als Quellen dienten mit Erlaubnis der 7. Abteilung des Generalstabes des Heeres die Aufsätze des Verfassers im 1. und 5. Heft des 1. Jahrganges 1936 der „Militärwissenschaftlichen Rundschau“

Inhalt

Allgemeine Betrachtungen

In näherer Zukunft ist kein kriegerischer Zusammenstoß ohne die Mitwirkung von Luftstreitkräften und Panzertruppen denkbar. Schon im Jahre 1919 schrieb der französische General Buat unter dem frischen Eindruck der Kriegserfahrungen: „Von den zwei Elementen der Taktik hatte bisher nur eines von der Maschine Nutzen: nämlich das Feuer. Es hatte sogar so viel Nutzen, daß die Bewegung im Gefecht nahezu aufhörte. Das Pferd wurde ganz ausgeschaltet. Der Kämpfer mußte sich eingraben. Er konnte sich nur noch bewegen, wenn alle Feuerwaffen des Gegners ausgeschaltet waren. Nun gibt das Erscheinen des Motors auf dem Schlachtfelde der Bewegung ihre ganze Bedeutung zurück. Die Linien-Infanteriekompanie wird künftig eine Kampfwagenkompanie sein, womit allerdings nicht gesagt sein soll, daß es überhaupt keine Infanterie mehr geben wird. Die Selbstladewaffe, die zur Tötung von Menschen bestimmt war, wird der Selbstladewaffe zur Vernichtung der Kampfwagen Platz machen."*)

Die Panzerung, die durch Motorenkraft bewegt wird, schützt Waffen und Kämpfer weitgehend. Panzerung, Bewegung und Feuer sind die wesentlichsten Kennzeichen der neuen Angriffswaffe für den Erdkampf.

Die rasche technische Entwicklung beider jungen Waffen, der Luft- und der Panzerwaffe, seit dem Ende des Weltkrieges hat ihre Bedeutung wesentlich gesteigert. Ihr Einfluß auf die operativen und taktischen Ansichten und Absichten macht sich zunehmend fühlbar. Die alten Waffen haben daher begreiflicherweise den Wunsch, ihre jüngeren Geschwister näher kennenzulernen.

Weltkriegsentwicklung

Die Panzertruppe entstand im Weltkriege aus der Erkenntnis einsichtiger Engländer und Franzosen, daß die vorhandenen Angriffsmittel um die Jahreswende 1914/15 nicht ausreichten, um den Angriff aus dem Stellungskriege, das Überwinden von

*) General Culmann in „France militaire" Nr. 16020, 16022, 16024.

Drahthindernissen und Gräben, insbesondere aber das Niederkämpfen der gegnerischen Maschinengewehre zu ermöglichen. Unbeirrt durch Widerstände im eigenen Lager und anfängliche Mißerfolge setzten sich die Vorkämpfer des Panzergedankens durch. Zwar vermochten sie die obere Führung nicht zu bewegen, das neue Angriffsmittel so lange zurückzuhalten, bis es in Massen zu schlachtentscheidender Wirkung gebracht werden konnte; die Engländer zumal, die im Herbst 1916 ihre Angriffskraft an der Somme trotz eines bis dahin unerhörten Einsatzes an Artillerie weitgehend verbraucht hatten, glaubten des Antriebes durch das neue Kampfmittel zu bedürfen; dennoch bewies bereits der erste Einsatz von nur 32 Panzern am 15. September 1916 ihren Wert. Die Frühjahrsschlacht des Jahres 1917 im Artois und an der Aisne brachte neue Erfahrungen. Der erste große Erfolg trat aber am 20. November 1917 bei Cambrai ein, als die Engländer sich zur Anwendung einer neuen, der Eigenart der Panzerwaffe mehr als bisher entsprechenden Taktik entschlossen.

Cambrai, 20. 11. 1917

Der Angriffsplan für Cambrai wurde auf der Überraschung des Gegners durch einen Masseneinsatz von Panzern in hierfür geeignetem Gelände aufgebaut. Alle Vorbereitungen und Antransporte wurden sorgfältig getarnt und zeitlich zusammengedrängt.

Ohne Artillerievorbereitung, nach einem kurzen, gewaltigen Feuerschlag, brach der Panzerangriff auf der ganzen Breite der Angriffsfront gleichzeitig mit dem Infanterieangriff los. Unterstützt wurde das Vorgehen der Panzer und der Infanterie durch eine aus Splitter und Nebel gemischte Feuerwalze der Artillerie, eine angesichts der Langsamkeit der damaligen Panzer durchaus mögliche und notwendige Maßnahme. Zum Ausnutzen des erwarteten Erfolges des Angriffs wurde ein Kavalleriekorps zu fünf Divisionen bereitgestellt. Der Angriff gelang über Erwarten. Lediglich die festen Ortschaften, zumal Flesquières, erwiesen sich als Hindernisse und konnten durch die Deutschen gehalten werden. Die Kavallerie hingegen vermochte nicht, zu Pferde dem Kampfwagenangriff zu folgen. Nur schwache Teile des Kavalleriekorps gelangten in den Nachmittagsstunden an die Front und zum Einsatz. Die Erweiterung des Anfangserfolges zum Durchbruch erfolgte nicht, zumal auch die Leistungsfähigkeit der Infanterie und der Kampfwagenbesatzungen erschöpft war.

Von rund 400 eingesetzten Kampfwagen fielen 49 durch feindliches Feuer aus.

Nach dem 20. November zerfiel der Großangriff in verlustreiche Einzelkämpfe, deren Ergebnis nicht im Einklang zum Einsatz stand und insbesondere die Kräfte und das Gerät der Panzertruppe stark beanspruchte. Frische britische Angriffsdivisionen waren im Zusammenwirken mit den Panzern nicht geübt. Die Panzer selber wurden nicht in Massen und überraschend eingesetzt, sondern in kleinen Angriffsgruppen und zum Teil gegen gerade diejenigen Angriffsziele, zu deren Wegnahme sie am wenigsten befähigt waren: gegen Ortschaften und Waldstücke. Am 30. November wetzte ein deutscher Gegenangriff die Scharte vom 20. wieder aus. 100 aus den Kämpfen der letzten zehn Tage beschädigt auf dem Schlachtfeld liegende Panzer fielen dabei in deutsche Hand; 30 von ihnen konnten fahrbereit gemacht werden und bildeten 1918 den größeren Teil der deutschen Panzertruppe.

Das glänzende Gelingen des deutschen Gegenangriffs bei Cambrai verwischte den ernsten Eindruck der Niederlage vom 20. November. Die Infanterie der wenigen vom Panzerangriff betroffenen Divisionen war nahezu aufgerieben, die am Leben gebliebenen Mitkämpfer gefangen. Ihre Erfahrungen gelangten nicht in die Heimat und ans Ohr der O. H. L. Kein Wunder, daß die Stimmen der Sieger vom 30. November die Oberhand behielten, denen nur ein Bruchteil der Panzer, nämlich 73 von 378, gegenüberstanden. Diese Stimmen lauteten um so zuversichtlicher, je größer der zeitliche Abstand von den Ereignissen wurde. Man glaubte, den „Tankschrecken" mit Moral überwinden zu können, wenn nur „die Truppe fest in die Hand genommen" werde. Man befahl, die Truppe solle sich nicht überraschen und nicht aus der Fassung bringen lassen. Sachgemäße Hinweise für den Bau von Stellungen und Hindernissen und ein Merkblatt für die Bekämpfung von Kampfwagen wurden ausgegeben; Mangel an Arbeitskräften und Baustoffen verhinderte aber vielfach die Ausführung. Für die aktive Abwehr wurde ein 13-mm-T-Gewehr als Einzellader gefertigt, da die Konstruktion eines überschweren M.G. in der kurzen verfügbaren Zeit bis zum Frühjahr 1918 nicht möglich war. Die Zahl der bewährten Infanterie-Geschütz-Batterien wurde leider verringert; die jeder Armee dafür zugewiesenen zehn Feldkanonen auf gewöhnlichen Lastkraftwagen bildeten kein vollwertiges Abwehrmittel. Die Fechtweise in der Abwehr blieb die gleiche, wie sie sich bisher für die Artillerieschlacht bewährt hatte:

tiefe Gliederung der Infanterie und Artillerie, starre Feuerpläne, Abhängigkeit der Batterien von vorgeschobenen Beobachtungen, und Feuerstellungen, die kein direktes Richten auf gegen Panzer wirksame Entfernungen gestatteten. Vor allem aber unterblieb eins: Die Massenfertigung eigener Kampfwagen, ein Beweis, daß ihre Bedeutung weder für den Angriff noch für die Abwehr erkannt war.

Für die Gegenseite bedeutete der Tag von Cambrai den Geburtstag einer neuen Waffe. In wenigen Stunden war mit ihrer Hilfe der gleiche Gewinn errungen, für den man kurz vorher in Flandern über vier Monate hatte kämpfen müssen. Das britische Royal Tank Corps unter der persönlichen Führung des Generals Elles hatte seine Aufgabe glänzend gelöst, soweit es die Leistungsfähigkeit des damaligen Geräts und der Besatzungen zuließ. Das Gerät des Jahres 1917, der Mark-IV-Tank, mit einem Fahrbereich von nur 24 km und einer Durchschnittsgeschwindigkeit von 3 bis 4 km gestattete einen einmaligen Einsatz im engbegrenzten taktischen Rahmen. An eine operative Ausnutzung etwa errungener Erfolge durch Panzer konnte im Herbst 1917 noch nicht gedacht werden. Es kam also darauf an, unter Verzicht auf langwierige artilleristische Vorbereitung überraschend im engen Zusammenwirken mit der Infanterie das deutsche Stellungssystem zu nehmen und den Erfolg durch schnellere Verfolgungstruppen mit größerer Reichweite auszunutzen. Die britische Kavallerie vermochte diese Aufgabe bei Cambrai nicht zu lösen. Hierzu hätte es motorisierter Truppen bedurft; sie wären zu schaffen und zu verwenden gewesen. Zweifellos hat aber die britische Heeresleitung diese rückschauender Betrachtung entspringenden Gedanken damals nicht erwogen.

Indessen drängte die technische Entwicklung von selbst in der Richtung auf größere Geschwindigkeit und gesteigerten Fahrbereich. Der schwere Kampfwagen Mark V des Jahres 1918 leistete 7,7 km/Std. bei 72 km Fahrbereich, der Kavallerieersatz „Whippet“ 12 km/Std. bei 100 km Fahrbereich. Bevor jedoch diese verbesserten Fahrzeuge in Erscheinung traten, beherrschte die deutsche Frühjahrsoffensive alle Handlungen von Freund und Feind auf der Westfront. Sie sah die Panzerkräfte der Entente in der Abwehr.

Die gegnerischen Panzer in der Verteidigung.

Die großen Grundgesetze der Kriegskunst gelten auch für die Panzertruppe. Friedrich der Große lehrt: „Derjenige, der alles zu gleicher Zeit defendieren will, wird nichts defendieren.“

Die Verwendung der Panzerkräfte auf englischer Seite trug im Frühjahr 1918 diesem Grundsatz nicht Rechnung. Lange bevor ein klares Bild über die voraussichtliche deutsche Angriffsfront gewonnen sein konnte, verteilte das britische Oberkommando die vorhandenen 13 Tankbataillone als Armee- und Korpsreserven auf eine Front von über 100 km zwischen Péronne und Béthune. Infolge dieser Verzettelung gelangten die Einheiten nur teilweise zum Einsatz, selten zu Erfolgen. Eine einheitliche, geschlossene Verwendung, gewissermaßen als Hauptreserve, zunächst genügend weit abgesetzt von der Front, sodann im Gegenangriff an der Haupteinbruchsstelle in der Gegend von Amiens, hätte sich mehr gelohnt.

Die Franzosen hielten während der deutschen Angriffe ihre Panzerkräfte im allgemeinen zurück. Nur zur Abwehr der deutschen Maioffensive über den Chemin des Dames wurden kleine Einheiten eingesetzt, um den Deutschen das Überschreiten der Marne und das Eindringen in den Wald von Villers-Cotterêts zu verwehren sowie um den deutschen Stoß aus Richtung Noyon abzufangen. Diese Zurückhaltung hat sich bezahlt gemacht.

Soissons, 18. 7. 1918

Die deutsche Offensive beiderseits Reims am 15. Juli 1918, geführt nach den bis dahin bewährten Regeln der Artillerieschlacht mit abgekürzter Artillerievorbereitung, scheiterte. Der Gegner, durch mancherlei Anzeichen gewarnt, wich aus. Die Lage der im weiten Bogen nach Südwesten vorgestoßenen deutschen 7. Armee war äußerst gespannt. Nur ein sofortiger Angriff an wirksamer Stelle, etwa in Flandern, konnte Entlastung bringen. Ehe er möglich war, schritt der Franzose zum Gegenangriff. Die Stunde der Tanks war gekommen. Am 18. Juli griffen die französische 10. und 6. Armee mit zusammen 500 Kampfwagen zwischen Marne und Aisne die Westflanke der 7. Armee an. Von 16 Bataillonen erhielt die 10. Armee 9, die 6. Armee 7. Die 10. Armee verwendete 6 Bataillone in vorderer Linie, die 3 schnellsten und modernsten Bataillone, die Renaults, werden als Armeereserve zurückbehalten. Außerdem hat die 10. Armee noch zum Ausnutzen des Erfolges das französische Kavalleriekorps (3 K.D.) zugewiesen erhalten und etwa 20 km hinter der Front bereitgestellt. 6 Bataillone verkrafteter Infanterie mit Pionieren waren dem Kavalleriekorps unterstellt. Von 12 Infanterie-Divisionen vorderer Linie der 10. Armee erhalten nur die 5 mittleren Panzer unterstellt, die Schwerpunktdivision 2, die übrigen je 1 Bataillon. 3 Infanterie-Divisionen des Nordflügels, 4 des Südflügels müssen ohne Panzer angreifen. Versammlung und Aufmarsch der Panzer erfordern drei Tage.

Das Angriffsverfahren war auf Überraschung aufgebaut. Um 5.35 Uhr setzte ein Feuerschlag der Artillerie ein, unmittelbar darauf folgten Kampfwagen und Angriffsinfanterie. Etwa gegen 10 Uhr, als sich der Nebel lichtete, stellten die französischen Flieger fest, daß die deutsche Front zwischen der Aisne und dem Savières-Bach in 15 km Breite weggewischt war, also gerade in der entscheidenden Richtung auf Soissons, der empfindlichsten Stelle des weiten Marne-Bogens. Das Schicksal der 7. Armee schien besiegelt. Der Franzose brauchte nur zuzustoßen, seine Reserven einzusetzen, seiner Kavallerie und seinen frischen Renaults freie Bahn zu gewähren. Bereits um 8.30 Uhr hatte das Kavalleriekorps Befehl zum Vorgehen in breiter Front in allgemein ostwärtiger Richtung erhalten. Es kam um 15 Uhr in die Höhe der alten französischen Front und etwa eine Stunde später auf das Gefechtsfeld. Wenige deutsche Maschinengewehre zwangen die Reiterei vom Pferde und zum Einsatz einiger Schwadronen im Fußgefecht; am Abend wurde das Kavalleriekorps als Heeresgruppenreserve aus der Front gezogen und durch eine Infanterie-Division ersetzt. Um 10 Uhr hatte die 10. Armee ferner die Reserven an Panzern, die drei Renault-Bataillone, den im Schwerpunkt angreifenden Korps freigegeben; nur ein Bataillon kam um 19 Uhr erfolgreich ins Gefecht, weil sie erst eingesetzt werden durften, sobald die Panzer des ersten Treffens nicht mehr weiter konnten. Das Ergebnis des Angriffs einer weiteren Kompanie ist nicht bekannt.

Zu der Zeit, als die Reiter auf dem Gefechtsfeld erschienen, hätte der erstrebte Durchbruch auch ohne ihre Hilfe längst erzwungen sein müssen. Das war jedoch nicht der Fall. Woran lag das?

So glänzend durchdacht und vorbereitet der erste Akt der Schlacht von Soissons, die Wegnahme der ersten deutschen Stellung, war, die Fortsetzung der Schlacht stand unter dem Zeichen der Unerfahrenheit in der Handhabung des neuen Kampfmittels, der Panzer, beim Masseneinsatz mit operativem Ziel. Man glaubte, das erste Angriffsziel nicht weiter stecken zu dürfen, als die Feuerwalze reichte, und den Angriff erst unter dem Feuerschutz der vorgeholten Artillerie fortsetzen zu können. Der Stellungswechsel der Artillerie erforderte

Stunden. So entstand um die Mittagszeit auf der ganzen Angriffsfront eine mehrstündige Gefechtspause. die den Deutschen gestattete, eine wenn auch schwache Abwehrfront zu bilden, ihre Artillerie so in Stellung zu bringen, daß sie sich gegen die Kampfwagen wehren konnte, und die das Halten dieser neugewonnenen Linie bis in die Nacht hinein gegen die nunmehr nicht einheitlich, gleichzeitig und überraschend, sondern vereinzelt angreifenden französischen Divisionen und Panzer ermöglichte.

Am Abend des 18. Juli war die deutsche Front auf 50 km Breite und bis zu 7 km Tiefe zurückgedrückt. Ein großer taktischer Erfolg war erzielt; eine unmittelbar operative Auswirkung hatte die Schlacht am ersten Tage nicht, weil die französische Führung gezögert hatte, die ganze Kraft, die in Geschwindigkeit, Fahrbereich und Feuerwucht ihrer Kampfwagen schlummerte, zum Leben zu erwecken. Zweifellos wäre das Loslösen des Panzerangriffs vom Feuerschutz der Artillerie und der Begleitinfanterie damals ein Wagnis gewesen. Zu unserem Glück unterblieb es.

In den folgenden Kampftagen verschärfte sich die Lage für die deutsche 7. Armee dergestalt, daß die Räumung des Marne-Bogens, der Rückzug hinter die Vesle angeordnet werden mußte. Zehn deutsche Divisionen mußten aufgelöst werden. Der in Flandern beabsichtigte Hagen-Angriff wurde aufgegeben, die ganze Westfront auf Verteidigung umgestellt. Schicksalswende!

Beim Gegner erschienen 1 Million frischer Amerikaner und Hunderte von Tanks und Kampffliegern neu auf dem Plan.

Im Drang der Ereignisse geschah nicht viel, um die vom Tanksturm nicht betroffenen deutschen Fronten zu warnen und ihr Kampfverfahren der neuen Gefahr anzupassen; denn nunmehr konnte kein Zweifel daran bestehen, daß die Panzerwaffe die Hauptursache des deutschen Zusammenbruchs bei Soissons war! Dieser Zusammenbruch entstand nicht durch Versagen einzelner Einheiten, durch den Tankschrecken, durch Verlieren der Nerven, sondern er war die Folge der Vernichtung einer gegen die Panzer nahezu wehrlosen Infanterie, die sich wieder und wieder vor eine unlösbare Aufgabe gestellt sah und der auch die Artillerie bei dem damals vorgeschriebenen Kampfverfahren nur eine dürftige, häufig zu spät einsetzende Unterstützung gewähren konnte.

Die Richtigkeit dieser Behauptung wird durch die nun folgenden Ereignisse erhärtet.

Amiens, 8. 8. 1918

Am 8. August 1918 um 5.20 Uhr früh donnerte bei Amiens der britisch-französische Feuerschlag los, dem der Angriff von 310 britischen und 90 französischen Tanks und etwa ebenso vielen Flugzeugen unmittelbar folgte, begleitet von 11 britischen, 5 französischen Infanterie-Divisionen und gefolgt von dem britischen Kavalleriekorps, das mit 3 Divisionen und den beiden englischen Whippet-Bataillonen, 96 Panzern, den Sieg vollenden, den Erfolg ausbeuten sollte. Das Angriffsverfahren der Briten ähnelte dem von Soissons; zwei Stunden nach Angriffsbeginn, nach Erreichen des ersten Angriffsziels, war eine zweistündige Pause für den Stellungswechsel der Artillerie vorgesehen. Das erste Angriffsziel lag noch vor der Masse der deutschen Batteriestellungen! Nach Wiederbeginn der Bewegungen sollte ohne Pause bis zum dritten Angriffsziel vorgegangen werden. Hierbei sollte die Kavallerie die Infanterie überholen und bis ans Endziel, die Bahn Chaulnes—Roye, durchstoßen. Das französische Angriffsverfahren weiter südlich war hiervon verschieden; die Artillerievorbereitung dauerte ¾ Stunde, die Panzer sollten erst mit dem zweiten Treffen zum Angriff schreiten, nachdem das erste Treffen die vor der Front gelegenen beherrschenden Höhen genommen hätte.

Der 8. August wurde zum schwarzen Tag des deutschen Heeres. Bezüglich der Einzelheiten seines Verlaufs sei der Band 36 der Buchreihe „Schlachten des Weltkrieges"*) zum Studium empfohlen. Er bietet eine Fülle von Erkenntnissen. Hier handelt es sich um das Ergebnis, und das war niederschmetternd.

8 englische Infanterie-Divisionen griffen etwa 6½ deutsche an, 5 französische fochten gegen 2½ deutsche. Die Feinddivisionen waren ausgeruht und aufgefüllt, die deutschen, mit Ausnahme der 27. und 117. Division, nicht voll kampfkräftig.

In zweiter Linie folgten beim Feinde 3 englische und 2 französische Divisionen und das englische Kavalleriekorps, denen deutscherseits 5 mehr oder minder abgekämpfte Eingreifdivisionen gegenüberzustellen sind.

Der Ausbau der deutschen Stellungen war sehr dürftig; wiederholt war in den letzten Wochen das vordere Stellungssystem verlorengegangen; zum Neubau standen weder Arbeitskräfte noch Baustoffe in genügendem Umfange zur Verfügung. Am Angriffstage behinderte natürlicher Morgennebel, der durch

---

*) Verlag Stalling, Oldenburg 1930.

künstliche Nebel und Rauch und Staub des Feuerschlages verstärkt wurde, die Sicht und die Waffenwirkung. Die eigene Artillerie litt zum Teil unter Munitionsmangel.

Trotz der Ungunst aller dieser Umstände und trotzdem dem Gegner die Überraschung vollständig gelang, wäre es nach menschlichem Ermessen niemals zu einem so vollständigen Zusammenbruch gekommen, wenn nicht zweierlei hinzugetreten wäre, dem die schwergeprüfte deutsche Truppe wehrlos gegenüberstand: 500 Kampfwagen und 500 Kampfflieger. Die Infanterie war gegen die Panzer nahezu, gegen die Flieger völlig ohnmächtig; die einzige damalige Waffe gegen die Panzer, die Artillerie, sah sich anfangs durch natürlichen und künstlichen Nebel geblendet. So wurden die deutschen Stellungen durchstoßen, die Besatzungen überrannt, umfaßt, vernichtet, die Bereitschaften und Reserven am rechtzeitigen Eingreifen gehindert. 700 Offiziere, 27 000 Mann, über 400 Geschütze gingen verloren; zwei Drittel der Verlustzahl bestand aus Gefangenen. Die neun Stellungsdivisionen waren zertrümmert, fünf Eingreifdivisionen schwer erschüttert. Es stand im Belieben des Gegners, auch die dünne zweite deutsche Linie zu zerreißen; sein starres Festhalten am ursprünglichen Angriffsplan allein verhinderte den völligen Durchbruch. Nach Erreichen des dritten Angriffsziels machte der Engländer halt; seine Kavallerie, die den Auftrag hatte, weiter vorzugehen, vermochte angesichts der deutschen Maschinengewehre mit ihren 27 Regimentern zu Pferde nicht mehr vorwärts zu kommen, obwohl sie der stürmenden Infanterie dieses Mal schnell gefolgt war und es an verlustreichen Versuchen zur Erfüllung ihres Auftrages nicht fehlen ließ und obwohl die ihr zugeteilten Panzer ihr Vorgehen schützten. Das Kavalleriekorps wurde in den Nachmittagsstunden von der Infanterie überholt und hinter die Front gedrückt. Die Whippets halfen nunmehr der Infanterie.

Die deutsche Front war in wenigen Stunden auf etwa 30 km Breite und bis zu 15 km Tiefe zerschlagen. Angesichts der ungeheuren Überlegenheit des Gegners und der Wehrlosigkeit gegen sein neuzeitliches Kriegsgerät, die Panzer und Kampfflieger, zerbrach vielerorts die Kampfmoral der Truppe. Sie mußte sich deshalb viel herbe Kritik gefallen lassen. Es scheint aber ungerecht, von der Truppe immer wieder die Lösung einer unlösbaren Aufgabe zu verlangen, anstatt ihr die dazu erforderlichen Waffen in die Hand zu geben. Die Feststellung „Unser Kampfinstrument war nicht mehr vollwertig"*) ist nur

*) Ludendorff, Meine Kriegserinnerungen, S. 551.

zu richtig, wenn man unter „Instrument" nicht allein die Menschen und ihre Moral versteht, sondern auch die Waffen, die den feindlichen um so ebenbürtiger sein müssen, je weniger mit einer eigenen Überlegenheit an Zahl gerechnet werden kann.

Im übrigen sei daran erinnert, daß 1918 die gegnerische Infanterie ohne die Unterstützung durch Kampfwagen gar nicht oder nur sehr zaghaft angriff, daß also entweder ihre Kampfmoral nicht viel besser war als die der Deutschen oder daß es tatsächlich moderner Waffenwirkung gegenüber der neuen Angriffsmittel bedarf, soll sich der Einsatz lohnen.

Die Engländer hatten bei Amiens die schweren Panzer mit der Infanterie, die mittleren Whippets mit der Kavallerie gekoppelt. Die langsameren schweren Wagen kamen somit ins erste, die schnellen mittleren ins zweite Treffen. Die Pause zum Nachziehen der Artillerie der Sturmdivisionen nach Erreichen des ersten Angriffsziels sollte eintreten, bevor die Masse der deutschen Batterien erreicht und genommen war. Diese Anordnungen hatten zur Folge, daß die deutsche Artillerie, bekanntlich der einzige gefährliche Feind der Panzer, lange Zeit zur Wirkung kam, zumal sich nach 9 Uhr der Nebel verzog, daß ferner die deutschen Bereitschafts- und Ruhebataillone der Stellungsdivisionen kampfbereit gemacht und die Eingreifdivisionen in Marsch gesetzt werden konnten. Man muß sich fragen, was geschehen wäre, wenn die schnellen Whippets von vornherein weitgesteckte Ziele, etwa die bekannten Unterkünfte der deutschen Stäbe und Eingreifdivisionen (z. B. Harbonnières, 8 km hinter der deutschen vorderen Linie, innerhalb des dritten Angriffsziels der Briten), erhalten hätten und das erste Angriffsziel die Masse der deutschen Artilleriestellungen umfaßt hätte; es hätte hierzu anstatt 2 bis 3 km durchschnittlich 4 bis 4½ km Tiefe umfassen müssen und wäre somit noch innerhalb der Reichweite der Stellungsartillerie des Angreifers gelegen.

Die Zahl von rund 500 Kampfwagen war für die Angriffsbreite von rund 18 km, auf der sie zum Einsatz kamen, gering bemessen. Der Panzerangriff ermangelte daher der Tiefe. Abgesehen von den der Kavallerie unterstellten zwei Whippet-Bataillonen waren Reserven zum Verfolgen nicht vorhanden. Ein derartiger, linearer Einsatz ist in Zukunft wegen der mit Sicherheit zu erwartenden Abwehr nicht mehr möglich.

Nach den unbefriedigenden Erfahrungen mit der Verwendung von Kavallerie auf den Schlachtfeldern von Cambrai und Soissons war nunmehr ein dritter Versuch mit dieser Waffe im Zusammenwirken mit Panzern gescheitert.

Weder Engländer noch Franzosen haben 1918 versucht, mittels motorisierter Reserven an Infanterie und Artillerie ihre Erfolge auszunutzen. Die Mittel dazu wären vorhanden gewesen.

Gut dagegen scheint das Zusammenwirken mit der Luftwaffe gewesen zu sein. Die Führung wurde durch Flieger über den Verlauf des Angriffs unterrichtet. Der besonders wichtige Kampf gegen den Hauptfeind der Tanks, die gegnerische Artillerie, wurde in hervorragender Weise durch Flieger geführt, die dem Royal Tank Corps ständig zugewiesen und in der Artilleriebekämpfung besonders geschult waren. Sie griffen Batterien und einzeln auftretende Abwehrgeschütze in zahlreichen Fällen erfolgreich mit Bomben und Maschinengewehren an.

Über den weiteren Verlauf der Ereignisse von 1918 ist zu sagen, daß die Entente-Angriffe fortgesetzt wurden, daß sie dort gelangen, wo Panzer eingesetzt wurden, dort meist abgewiesen werden konnten, wo sie ohne Panzer erfolgten.

Die Verluste des Royal Tank Corps in der Zeit vom 8. August 1918 bis zum Waffenstillstand betrugen bei 39 Gefechtstagen 598 Offiziere und 2557 Mann an Toten, Verwundeten, Gefangenen und Vermißten aus einem Gesamtbestand von rund 9500 Mann. An Gerät wurden auf den Schlachtfeldern insgesamt 887 Wagen geborgen. Von diesen wurden 559 mit kleinen Schäden gleich vorn wiederhergestellt und der Truppe zurückgegeben, 313 Wagen gingen in die Zentralwerkstätten, die 204 wieder als gefechtsfähig zur Truppe sandten, 15 Wagen schieden als gänzlich zerstört aus. Der endgültige Ausfall betrug somit 124 Fahrzeuge von etwa 2000 (Zahlen nach General Ritter von Eimannsberger, „Der Kampfwagenkrieg"). Im Vergleich zu den Blutopfern der anderen Waffen sind diese Verluste als äußerst gering zu bezeichnen, zumal wenn man bedenkt, daß die Panzertruppe als ausgesprochene Sturmtruppe überall, wo sie auftrat, den Angriff zu führen hatte.

Die Verluste der französischen Panzertruppe*) in der Zeit vom 18. Juli 1918 bis zum Waffenstillstand betrugen bei 4356 Einzelgefechten 2903 Mann, davon 302 Tote, 1459 Verwundete, 251 Vermißte, d. h. etwa 13,2% der Gefechtsstärke.

An Gerät gingen verloren:

a) durch Artillerie oder Minenwerfer:
301 Chars Schneider und St. Chamond, 356 Chars Renault;

---

*) Nach Commandant F.-J. Deygas, Les Chars d'assaut. Charles Lavauzelle & Co., Paris.

b) durch Tankminen:
   3 Chars Schneider, 13 Chars Renault;

c) durch tragbare Infanteriewaffen:
   3 Chars Schneider, 1 Char Renault;

d) aus unbekannter Ursache:
   1 Char Schneider, 70 Chars Renault.

Im ganzen: 784 Panzer, gleich 17,2% der Gesamtzahl. Hiervon wurden die älteren Typen stärker betroffen als die neuen, kleinen, schnellen, besser geschützten Renault-Panzer. Während die Chars Schneider und St. Chamond 29% Verluste erlitten, verloren die Chars Renault nur 13,3%.

Der größte erreichte Schießbedarf belief sich für den

Char Schneider auf 39 Granaten Kal. 7,5 cm, 3840 Schuß M.G.-Munition,

St. Chamond auf 75 Granaten Kal. 7,5 cm, 2690 Schuß M.G.-Munition,

Renault auf 88 Granaten Kal. 3,7 cm oder auf 1344 Schuß M.G.-Munition,

Im allgemeinen wurde nur etwa die Hälfte dieser Zahlen verbraucht.

Für 1919 rechneten:

Großbritannien mit 7000 schweren Panzern,
Frankreich mit 8000 bis 10 000 leichten Panzern,
die Vereinigten Staaten mit 10 000 leichten Panzern.

Dagegen:

Deutschland mit 800 leichten Panzern.

Nachkriegsentwicklung

Der Waffenstillstand vom November 1918 enthob Freund und Feind der Ausführung dieser Vorhaben. Der Versailler Vertrag zerschlug die bescheidenen Ansätze zur Schaffung deutscher Kraftfahrkampftruppen. Die Gegner aber entwickelten diese Waffe, die zum Sieg auf dem Schlachtfeld wesentlich beigetragen hatte, mit besonderer Sorgfalt.*)

In England

D i e B r i t e n ließen sich dabei von folgenden Gedanken leiten: Ein zukünftiger Krieg wird unter wesentlich anderen

*) General Débeney in der „Revue des Deux Mondes" vom 15. September 1934: „Die Waffen, die uns den Sieg geschenkt haben, werden täglich vervollkommnet. Kampfwagen und Flieger machen täglich Fortschritte."

Bedingungen geführt werden müssen als der im Jahre 1918 beendete. Die Panzer werden technisch vervollkommnet, vor allem schneller und weiterreichend sein und eine größere operative Beweglichkeit besitzen müssen. Durch diese Eigenschaften wird ihr Zusammenwirken mit den alten Waffen immer schwieriger. Sie werden auf ihre Schnelligkeit zugunsten des Zusammenwirkens mit den alten Waffen nicht verzichten können, weil sie in langsamer Fahrt der sicher entstehenden Abwehr zum Opfer fallen müssen. Schließlich muß die zukünftige Entwicklung der Bekämpfung feindlicher Panzer und feindlicher Flieger Rechnung tragen und das im Kriege nicht gelöste Problem der Ausnutzung errungener Erfolge lösen.

Die Briten verschrotteten daher den größten Teil ihrer Kriegskampfwagen, behielten als Übungsgerät nur die neuesten Typen und widmeten sich Neukonstruktionen, die den erwähnten Gedankengängen Rechnung trugen.

Diesen Neubauten war gemeinsam eine lediglich gegen kleinkalibrige Infanteriemunition schützende Panzerung und verhältnismäßig große Geschwindigkeit. Sie unterschieden sich durch ihre Bewaffnung und damit durch Größe und Gewicht. Kleinkampfwagen (Le Martel und Carden Loyd), zunächst mit ein Mann, später mit zwei Mann Besatzung und mit Maschinengewehrbestückung, eröffneten den Reigen der Konstruktionen. Besonders der Carden Loyd hat als gelungene Konstruktion weitgehende Verbreitung, auch im Auslande, gefunden. Er war bestimmt zum Kampf gegen lebende Ziele, zum Aufklärungs-, Sicherungs- und Meldedienst. Er war gewissermaßen der Infanterist des Panzerheeres. Da man von einem Mann nicht die gleichzeitige Bedienung von Waffe und Fahrzeug, Führung und Feindbeobachtung verlangen kann, ist der Einmannwagen sehr bald aufgegeben worden. Er ist auch außerhalb des Rahmens der Panzertruppe, z. B. als Waffenträger bei der Infanterie, aus diesen Gründen ungeeignet. Für die britischen Panzertruppen hat sich im Laufe der letzten Jahre die Entwicklung des Kleinkampfwagens zum sogenannten Leichten Kampfwagen durchgesetzt, dessen neueste Ausführung drei Mann Besatzung trägt und mit Bewaffnung 8 t wiegt.

Wie die Infanterie schwere Waffen zum Feuerschutz braucht, so auch die Panzertruppe. Sie werden in den Mittleren Panzerwagen mitgeführt. Die britischen Vickers Mark I und I A. II und II A bilden zur Zeit noch den Hauptbestandteil des Royal Tank Corps. Sie führen ein 47-mm-Geschütz und 4 M.G. Ihr

Gewicht bleibt unter 14 t, die neueste Konstruktion wiegt 16 t. Die Einführung schwerer Panzer ist im Gange.

Die Artillerie der britischen Panzertruppe wird durch „Close support tanks", Nahunterstützungskampfwagen, und durch Begleitartillerie auf Selbstfahrlafetten gebildet.

Der reine Panzerverband ist mit diesen Fahrzeugarten unter Hinzufügen von Pionier- und Nachrichtenpanzern bereits aufzustellen. Sehr frühzeitig war aber in England ein lebhafter Kampf der Geister über die Frage entbrannt, ob nicht neben den Panzertruppen andere, ständig motorisierte Waffen erforderlich seien, die die Panzertruppe ergänzen und in ihrer Vielseitigkeit zu selbständiger Verwendung erst voll befähigen können. Gründliche Versuche mit motorisierten Infanterie-Brigaden und Artillerie-Abteilungen haben zu guten Ergebnissen geführt, ebenso die Versuche mit der Umwandlung von Reiterregimentern in Panzerspähregimenter. So entwickelt sich jetzt vor unseren Augen die Umstellung des britischen Friedensheeres auf den Kraftzug. Hierbei scheint man hinsichtlich der Gliederung der Hauptkampfeinheit, der Division, noch zu keinem endgültigen Ergebnis gelangt zu sein. Im Manöver 1934 bestand die Panzerdivision aus einer Panzer-Brigade zu vier Abteilungen und einer motorisierten Schützenbrigade zu vier Bataillonen mit den erforderlichen Zuteilungen an Aufklärungsabteilungen, Artillerie, Pionieren und Nachrichtenverbänden. Sie war jedenfalls trotz erheblich größerer Kampfkraft kleiner als die bisherigen Infanterie-Divisionen. Das Jahr 1937 brachte die Umwandlung der Kavallerie-Division in eine Panzer-Division. Sie führt nunmehr den Namen „Mechanised Mobile Division" und besteht aus zwei mechanisierten Kavallerie-Brigaden zu je 1 Panzerspähwagen-Regiment, 1 motorisierten Kavallerie-(Schützen-) Regiment und 1 leichten Kavallerie-Panzerkampfwagen-Regiment, ferner aus der bisherigen Panzer-Brigade zu 4 Bataillonen, Artillerie und sonstigen Ergänzungswaffen. Die englische Infanterie ist kürzlich gleichfalls erneuert worden. Der gesamte Gefechtstroß wird motorisiert, die Offizierspferde werden durch leichte Pkw. oder Krafträder ersetzt. Die Infanterie-Brigade besteht künftig aus drei Schützen-Bataillonen zu je 52 leichten M.G. und 4 mechanisierten Minenwerfern. Die Maschinen-Gewehr-Bataillone, nunmehr Divisionstruppen, gliedern sich in 2 M.G.-Kompanien zu je 16 s. M.G., die auf niedrigen, gepanzerten M.G.-Trägern befördert werden, sowie eine Panzer-Abwehr-Kompanie zu 12 Abwehrgeschützen, an Stelle der bisher beabsichtigten 16, weil die Einführung tragbarer

Panzerabwehrbüchsen nach englischer Ansicht eine Einschränkung in der Zahl der gezogenen Kanonen gestattet. Das M.G.-Bataillon verfügt ferner über eine mechanisierte Aufklärungskompanie aus leichten Panzerspähwagen. Jede Division soll zwei solche M.G.-Bataillone erhalten.

Jede britische Division verfügt zukünftig über eine Kraftfahr-Kompanie für Truppentransporte, deren Fassungsvermögen für eine Infanterie-Brigade berechnet ist.

Die gesamte Divisions-Artillerie wird mechanisiert. Anscheinend ist auch die Mechanisierung des noch bestehenden Restes berittener Kavallerie beabsichtigt.*)

In Frankreich

In Frankreich ging man in den Jahren nach dem Großen Kriege völlig andere Wege. Der mächtige Festlandsgegner lag ohnmächtig am Boden. Diesem wehrlosen Feind gegenüber genügte zunächst die Rüstung von 1918, die in vollem Umfange beibehalten wurde. Mit dem Beibehalten der 2000 bis 3000 Kriegskampfwagen mußte auch die diesem Gerät angepaßte Fechtweise der letzten Kriegsmonate aufrechterhalten bleiben. Der Renault M 17 und 18 lief 8 km/Std., war also ein ausgesprochener Infanterie-Begleitkampfwagen. Für längere Märsche, schnelle und weite Verschiebungen wurde er deshalb auf Lastkraftwagen verladen. Die französischen Panzertruppen blieben also ein Glied der Infanterie, ihr Rückgrat, denn die letzten Kriegsmonate des Jahres 1918 hatten bewiesen, daß die Infanterie ohne Panzer im allgemeinen nicht angriff. In logischer Fortsetzung dieses Gedankens, unter Verzicht auf Geschwindigkeit in enger Anlehnung an die Infanterie zu fechten und befestigte Stellungen zu durchbrechen, mußte man sich zu schwerer Panzerung und schwerer Bewaffnung entschließen. So sehen wir in Frankreich den Char 2 C und 3 C mit 70 bis 74 t und schließlich mit 92 t entstehen. Die Panzerung dieser Riesen des Schlachtfeldes beträgt vorn 50 mm, am Turm und den Seitenflächen 35 mm, sonst 30 mm, die Geschwindigkeiten schwanken zwischen 12 und 18 km, die Bewaffnung besteht aus je einer 15,5-cm-Haubitze, ein bis zwei 7,5-cm-Kanonen und vier bis elf M.G., die Besatzung beträgt 12 bis 16 Mann.**)

Freilich, eine bewegliche Führung war mit dieser Panzertruppe ausgeschlossen. Sie war und blieb eine Waffe des Stel-

*) Liddell Hart, Europe in arms. London, Faber and Faber, Ltd., 1937.
**) Nach Heigl, Taschenbuch der Tanks, I, 1934.

lungskrieges, zumindest der methodisch-langsamen Operation. Das konnte eine so kriegerische Nation wie die französische auf die Dauer nicht befriedigen, zumal mit dem allmählichen Erstarken des Wehrwillens und der Wehrfähigkeit in Deutschland gerechnet wurde. Die Technik kam dem Umschwung der operativen und taktischen Absichten durch ihre Entwicklung zu Hilfe und wurde durch ihn wiederum zu Neukonstruktionen veranlaßt. Der Renault M 26/27 lief bereits 16 km/Std., der NC 27 und 31 20 km/Std. Dann machte sich der Einfluß der englischen Konstruktion des Carden Loyd geltend; der ihm nachempfundene Renault UE und der diesem folgende Renault AMR liefen 30, auf der Straße bereits 37 km/Std. Auf ähnliche Geschwindigkeiten kommt auch ein neuer mittlerer Panzer von 30 t.*)

Die gesteigerte operative Beweglichkeit der französischen Panzertruppe ebenso wie ihre Geschwindigkeit auf dem Gefechtsfeld führte zwangsläufig zu vermehrter Verselbständigung. Zunächst entstanden Panzerbrigaden. Im Jahre 1937 sollten erstmals Versuchsübungen mit einer schweren Panzerdivision veranstaltet werden.

Inzwischen hatte die Motorisierung aber auch die alten Waffen ergriffen. Erhebliche Teile der Kavallerie wurden als „Dragons portés" auf Halbkettenfahrzeugen, neuerdings auf den erheblich schnelleren 6-Rad- und 4-Rad-Berliet-Fahrzeugen motorisiert. Nach mehrjährigen Versuchen wurde 1934 die 4. Kav.Div. (Reims) vollmotorisiert und kürzlich in 4. leichte mot. Division umbezeichnet. 1936 folgte die 5. Kav.Div. Baldige Umwandlung einer weiteren Kav.Div. ist im Gange; die vorläufig verbleibenden zwei sind zu ⅓ motorisiert. Im Manöver 1935 sind außer der 4. leichten mot. Div. noch die 3 (Amiens) und die 12. (Châlons s. M.) Division als voll mot. Infanterie-Divisionen aufgetreten. Außerdem übte 1935 noch die 15. (Dijon) mot. Division. Bis Ende 1935 verfügte Frankreich also über mindestens eine leichte mot. Division und drei voll mot. Infanterie-Divisionen. Diese Zahl hat sich trotz des Stoßseufzers des Ministers Fabry über hohe Kosten schnell weiter vermehrt.

Triumphierend schrieb der „Temps" nach Abschluß der Manöver 1935: „Niemals habe man seit dem Kriege so viele Truppen zu einer umfassenden Übung zusammengezogen. Für die bisherige Zurückhaltung seien politische Gründe maßgebend gewesen, über die sich streiten lasse, ferner wirtschaftliche

---

*) Nach Heigl, Taschenbuch der Tanks, I, 1934.

Bild 1. Leichter Panzerspähwagen, England.

Bild 2. Schwerer Panzerspähwagen mit Funkeinrichtung, Deutschland.

Tafel II.

Bild 3. Kraftradschützen, Frankreich.

Bild 4. Leichter Panzerkampfwagen im Zusammenwirken mit Infanterie, Frankreich.

Erwägungen und schließlich die Tatsache, daß die einzelnen Waffengattungen für eine große und lehrreiche Übung noch nicht ausreichend mit dem motorisierten und mechanisierten Material vertraut gewesen sind. Außerdem habe man warten müssen, bis die aktiven Divisionen mit dem erforderlichen Material ausgerüstet werden konnten, da die Kredite, von den letzten Monaten abgesehen, nur tropfenweise bewilligt worden seien. Heute habe die außenpolitische Lage den politischen Hinderungsgrund beseitigt und auf dem Gebiet der Landesverteidigung die Politik der Einschränkung verurteilt. Außerdem könne die Ausbildung der einzelnen Waffengattungen als fast abgeschlossen betrachtet werden. Man habe also gut daran getan, eine allgemeine Probe zu veranstalten. Die Manöver hätten den Eindruck einer unbestreitbaren Sicherheit vermittelt. Die erste praktische Schlußfolgerung, die man aus den Manövern ziehen könne, sei die, daß die französische Armee wieder zu dem Grundsatz des großen Bewegungskrieges und, was noch besser sei, des unsichtbaren Krieges zurückgekehrt sei."

Zu den interessanten Feststellungen des russischen Generals Ssedjakin nach dem Manöver 1935 über die Rolle der französischen Ostfestungen als Angriffsbasis dürfte die Möglichkeit treten, daß in absehbarer Zeit die halbe französische Friedensarmee des Mutterlandes motorisiert ist und zusammen mit etwa 40 Panzerabteilungen, deren Zahl sich im Kriege sicher verdoppeln wird, eine bewegliche Streitmacht darstellt, die Dschingis Chan vor Neid hätte erblassen lassen.

In Rußland

Häufig hört man den Einwand: „Ja, aber im Osten, in den weiten Ebenen Polens und Rußlands und bei den dortigen schlechten Wegen, da wird das Kraftfahrzeug versagen." Wie sieht es in Wahrheit damit aus?

Die Entwicklung der russischen Armee gibt eine nicht mißzuverstehende Antwort auf diese Frage. Seit Jahren ist Sowjetrußland bemüht, eine eigene Schwerindustrie aufzubauen. Ausländische, vor allem amerikanische Ingenieure gaben die Anleitungen, die schier unerschöpflichen Rohstoffquellen des Riesenreiches ermöglichten die Ausführung der gigantischen Pläne aus eigener Kraft. Wer eine moderne russische Traktorenfabrik mit eigenen Augen gesehen hat, weiß, daß ein ungeheurer Aufbauwille vorhanden ist und daß die Leistungen auf industriellem Gebiet durchaus ernst zu nehmen sind. Die Russen haben die besten Konstruktionen des Auslandes an Kraftfahrzeugen handelsüblicher Art und an Panzerfahrzeugen, die Ford, Carden Loyd, Vickers, Renault und Christie, gekauft, nachgebaut und ihren Zwecken angepaßt. Sie haben diese besten und modernsten Fahrzeuge in Massen hergestellt und haben es verstanden, ihre Truppen an diesem Gerät auszubilden und ihre taktischen und operativen Absichten der Leistungsfähigkeit dieser Truppen anzupassen. Aus der Reiterarmee Budjennijs von 1920 ist das Panzerheer Woroschilows von 1935 geworden. Woroschilow hat nach seinen eigenen Worten die alten Waffen zerbrochen, aus Infanterieoffizieren Flieger und aus Kavallerieoffizieren Panzerführer gemacht. Die Zahl von rund 10 000 Panzerfahrzeugen, 150 000 Kraftschleppern und über 100 000 Heereskraftfahrzeugen setzt die Rote Armee in bezug auf Motorisierung an die Spitze aller Heere. England und Frankreich sind weit übertrumpft. Da die Entwicklung der russischen Luftwaffe mit der der Panzerwaffe Schritt gehalten hat, so steht diese neuzeitlichste Armee der Erde in einer Friedensstärke von 1 300 000 Mann bereit, die sie von den anderen Mächten trennenden, bisher für schwer überbrückbare Hindernisse gehaltenen weiten Räume zu überwinden und ihr Schwert, sei es in Asien, sei es in Europa, in die Waagschale zu werfen. An Großeinheiten zählt sie 48 Infanterie- und 16 Kavallerie-Divisionen.

Zur Gliederung der russischen „motomechanisierten Verbände" — wie die Kraftfahrkampftruppen genannt werden — ist zu sagen:

Die operative Aufklärung wird im Zusammenwirken mit den Fliegern durch Panzerspähwagen ausgeführt (Sechsrad-Panzerwagen Ford). Der taktischen Aufklärung dienen Sechsrad-Schwimmpanzerwagen Ford und Kleinkampfwagen Vickers-Carden Loyd-Rußky.

Kleinpanzerwagen Bronieford übernehmen die Nahsicherung der Marschkolonnen.

Die Tätigkeit der „motomechanisierten Verbände" soll sich in dreierlei Form vollziehen.

Die „weitwirkenden" Fernkampftruppen sollen operativen Zwecken, dem Stoß gegen Flanke und Rücken oder dem Durchbruch in die Tiefe des Gegners dienen. Sie sind mit Schnellpanzern, System Christie, und Schwimmpanzern ausgestattet und sollen mit der Luftwaffe zusammenarbeiten.

Zum Zusammenwirken mit den anderen Waffen sollen die „Fernunterstützungsgruppen“ und die „Nahunterstützungsgruppen der Infanterie“ ausgestattet werden. Die ersteren verfügen über mittlere und leichte Geschützpanzer mit der Hauptaufgabe der Vernichtung der feindlichen Artillerie, die letzteren vorwiegend über M.G.- und kleinkalibrige Geschützpanzer zur unmittelbaren Unterstützung der Infanterie.

Motorisierte Infanterie, Panzerbegleitartillerie auf Sechsrad - Selbstfahrlafette und Panzerabwehrgeschütze sowie die erforderlichen Hilfswaffen vervollständigen die Ausrüstung der Verbände.

Kryshanowski sagt: „Ein entscheidender Erfolg kann nur durch die gleichzeitige Zertrümmerung der Hauptgruppierung des Gegners in ihrer gesamten Tiefe sowohl in taktischer, wie auch in operativer Hinsicht errungen werden. Einsatz kraftvoller, sich schnell fortbewegender Kampfmittel von großer Stoßkraft und Beweglichkeit ist dazu nötig.“

Die großen Manöver des Jahres 1936 in den Militärbezirken Weißrußland und Moskau dienten vorwiegend der Erprobung motomechanisierter Einheiten im Zusammenwirken mit Infanterie- und Kavallerie-Divisionen und erstmals im Zusammenwirken mit einer großen Anzahl von Fallschirmschützen und Luftlandetruppen. Hierbei wurden anscheinend bereits leichte Panzer mit Sonderflugzeugen befördert und abgesetzt.

Es wurde dargelegt, wie aus dem Werkzeug des Stellungskrieges zum Überwinden von Drahthindernissen und Gräben in den Nachkriegsjahren eine hochbewegliche, schnelle, handlich zu gliedernde und mit neuzeitlichen Nachrichtenmitteln zu führende Waffe des Bewegungskrieges entstand.

Die nachstehenden Ausführungen stellen einen Versuch dar, ein Bild der Gliederung und Fechtweise von Panzertruppen der Gegenwart zu zeichnen und anschließend zu untersuchen, welche Folgerungen sich daraus für die anderen Waffen im Zusammenwirken mit ihnen ergeben.

Als Grundlage für die Untersuchung möge dienen, daß sich die Panzertruppen in zwei Hauptgruppen gliedern: in Aufklärungskörper und Schlachtkörper.

Die gepanzerten Aufklärungskörper

Die Aufklärung soll der Führung die Unterlagen für ihre Entschlüsse liefern. Sie wird von verschiedenen Organen ausgeübt. Wir unterscheiden daher die Luftaufklärung, die Erdaufklärung, die Nachrichten- (Fernsprech-, Funk- usw.) Aufklärung und die Aufklärung durch Agenten und sonstige Mittel. Diese verschiedenen Gattungen der Aufklärung sollen einander ergänzen. Wir unterscheiden ferner nach dem Zweck die operative von der taktischen und von der Gefechtsaufklärung. Die operative Aufklärung dient der oberen Führung und obliegt in erster Linie der Luftwaffe; diese kann jedoch nicht einwandfrei feststellen, ob ein Raum besetzt ist oder nicht; gute Tarnung des Gegners, Nacht und Nebel, schlechtes Wetter, große Gebirgs- und Waldzonen und ausgedehnte Ortschaften können sie erschweren oder gar unmöglich machen. Die ständige Überwachung, das Fühlunghalten am Feinde ist nicht gewährleistet. Deshalb kann trotz der Vorzüge der Luftaufklärer, die in ihrer weitgehenden Unempfindlichkeit gegen Abwehr, ihrer Schnelligkeit und großen Reichweite bestehen, auf die Ergänzung der Luftaufklärung durch eine geeignete Erdaufklärung nicht verzichtet werden.

Zur Aufklärung benötigt man besonders schnelle, wendige, leicht zu führende Einheiten mit großem Aktionsradius und guten Nachrichtenmitteln. Sie müssen viel sehen und melden, ohne selbst bemerkt zu werden. Daher können sie ihre Aufgabe um so besser lösen, je kleiner und tarnbarer sie sind Ihre Kampfkraft muß so bemessen sein, daß sie sich gegen gleichartigen Feind durchsetzen können; erfordert ihr Auftrag ein Mehr an Kampfkraft, so muß es ihnen von Fall zu Fall zugeführt werden.

Träger neuzeitlicher Erdaufklärung sind die schweren P a n z e r s p ä h w a g e n. In den meisten Heeren verwendet man für diese Aufgabe Radfahrzeuge, die vorwiegend die Straßen benutzen, aber durch Einbau von drei und mehr Achsen und Mehrachsantrieb eine gewisse Geländegängigkeit besitzen. Die technischen Fortschritte auf dem Gebiet der Geländefahrbarkeit waren in den letzten Jahren erheblich; die Entwicklung ist vielversprechend. Die Höchstgeschwindigkeit dieser Fahrzeuge liegt zwischen 70 und 100 km/Std., ihr Aktionsradius zwischen 200 und 300 km. Die Bewaffnung besteht in Maschinengewehren und vielfach auch in panzerbrechenden Waffen von 2 bis 3,7 cm Kaliber. Die Panzerung ist durch die Forderung auf Schnelligkeit an gewisse Gewichtsgrenzen gebunden; sie gewährt zumindest Schutz gegen kleinkalibrige Infanteriegeschosse.

Mehrere Panzerspähwagen bilden den P a n z e r s p ä h t r u p p. Die Zusammensetzung der Panzerspähtrupps kann, je nach dem Auftrag. sowohl nach Zahl wie Gattung der Fahrzeuge verschieden sein. Gegebenenfalls müssen ihnen Pioniere, motorisierte Schützen und schwere Waffen beigegeben werden. Panzerspähtrupps besitzen die Fähigkeit. ständig — auch bei Nacht — Fühlung mit dem Feinde zu halten und ihre Wahrnehmungen durch Funkspruch zu melden.

Aufklärungsabteilungen verfügen im allgemeinen über zwei bis drei Panzerspähkompanien, die sich aus einer Anzahl schwerer und leichter Panzerspähwagen zusammensetzen. In der Regel wird es darauf ankommen. zunächst die Hauptstraßen aufzuklären und sodann auf Grund der hierbei gewonnenen Ergebnisse das Aufklärungsnetz in den wichtigsten Richtungen zu verdichten. Für das Verdichten der Aufklärung bei naher Berührung mit dem Gegner kommen leichte Panzerspähwagen und Kraftradschützen in Betracht.

Die Ergebnisse der Aufklärung haben für die Führung nur Wert, wenn sie rechtzeitig in ihren Besitz gelangen. Daher ist die Ausstattung der Aufklärungskörper mit Nachrichtenmitteln sorgsam zu überlegen. Man bedient sich dazu in erster Linie der Funkentelegraphie oder -telephonie. Die Zahl und Reichweite der Nachrichtenmittel beeinflußt den taktischen Einsatz der Aufklärungsabteilungen. Da das Funken abgehört und die Sender angepeilt werden können, strebt man danach, lange Funkstille zu halten und sich bis zum Zusammentreffen mit dem Gegner auf andere Nachrichtenmittel. z. B. den Fernsprecher, Kraftfahrzeuge und Flieger, zu beschränken.

Die größtenteils mit Panzerfahrzeugen ausgestatteten Aufklärungsabteilungen stellen die Meldesammelstellen für ihre Panzerspähtrupps dar. Sie sorgen für deren rechtzeitige Ablösung und müssen so reichlich mit Reserven an Panzerspähwagen ausgestattet sein, daß sie eine mehrtägige Aufklärung und unter Umständen ein überraschendes Abdrehen in eine neue Richtung aus eigener Kraft durchführen können.

Für begrenzte Kampfaufgaben und als Schutz der Meldesammelstellen der gepanzerten Erdaufklärung sind in gewissem Umfange Kraftrad- oder auf gl. Lkw. verlastete Schützen, leichte Geschütze oder Minenwerfer, Pioniere und Panzerabwehrwaffen erforderlich. Bei unvermutetem Zusammenstoß mit dem Feind werden Panzerspähtrupps und Aufklärungsabteilungen meist angriffsweise verfahren, wozu sie durch Panzer und Bewaffnung befähigt sind. Sie werden zwar in der Aufklärung den Kampf nicht suchen. um sich nicht von ihrem Aufklärungsauftrag ablenken zu lassen, dürfen ihn aber nicht scheuen, wenn sich günstige Gelegenheiten zum Schädigen des Feindes darbieten. Diese grundsätzliche Haltung braucht nicht zu hindern, in Ermangelung anderer Kräfte gelegentlich auch Aufklärungsabteilungen mit Kampfaufträgen zu versehen: dies kann z. B. notwendig werden zur Verfolgung, zur Deckung des Rückzuges, zur Verschleierung, zur Sicherung von Flanke und Rücken.

Gepanzerte Aufklärungskörper der geschilderten Art leisten sowohl die operative als auch die taktische Aufklärung, erstere im Rahmen von Armeen und Heeresgruppen oder zwischen diesen selbständig, letztere für Panzerverbände und andere schnelle Truppen, z. B. verlastete Infanterie-Divisionen. Ihre Organe besitzen die Fähigkeit, ständig Fühlung mit dem Feind zu halten. Die operative Erdaufklärung ergänzt so die Luftaufklärung und muß sie gegebenenfalls ersetzen, zumal bei Nacht und Nebel, in Zeiten schlechten Wetters, in Gebirgs- und Waldzonen. Sie bedarf, zumal für Panzerverbände, ihrerseits der Ergänzung durch die wesentlich schnellere und weiträumigere Luftaufklärung. Führungs- und Aufklärungsorgane beider Waffen müssen für diese Zusammenarbeit sorgsam geschult werden.

Die taktische Aufklärung für Infanterie-Divisionen und Armeekorps erfolgt in engem, meist beiderseits angelehntem Rahmen in begrenzter Tiefe; sie wird daher heute noch vielfach berittenen Aufklärungsorganen übertragen; eine Verkoppelung von Pferd und Motor in einer Aufklärungseinheit erscheint unzweckmäßig.

Die wachsende Reichweite und Schnelligkeit der Bewegungen neuzeitlicher Heere wird bald eine entsprechende Beschleunigung der Aufklärungsorgane auch für die Infanterie-Divisionen erfordern.

Die gepanzerten Aufklärungskörper sind im Ernstfall die ersten am Feinde. Sie haben bei Eröffnung der Feindseligkeiten nicht nur ihre erste, sondern vielleicht auch ihre größte und überraschendste Erfolgsaussicht; denn niemand kann voraussagen, wie sich die Dinge nach den ersten Zusammenstößen entwickeln werden. Daher ist es wichtig, daß die einzelnen Teile der Aufklärungskörper gut aufeinander eingespielt sind, daß Führer und Truppe sich kennen, daß die Panzerspähwagen mit ihren Nachrichtenmitteln und Ergänzungswaffen vollkommen vertraut sind. Aufklärungskörper müssen deshalb bereits im Frieden so gegliedert sein, wie sie im Ernstfall eingesetzt werden sollen.

Panzertruppen für die Schlacht

Die Masse der Panzerkörper wird zweckmäßig in Schlachtkörpern zusammengefaßt. Die Panzertruppen haben in der Schlacht die Aufgabe, durch zusammengefaßten und überraschenden Einsatz an der von der Führung beabsichtigten Stelle die Entscheidung im Kampf herbeizuführen. Sie vereinigen Feuerkraft mit Beweglichkeit und Panzerschutz wenigstens gegen kleinkalibrige Infanteriegeschosse; sie stellen somit eine ausgesprochene Angriffswaffe dar, die sich von den übrigen Erdwaffen noch dadurch unterscheidet, daß sie in der Bewegung ficht. Das Hauptkennzeichen der Nachkriegspanzerkampfwagen ist die gegenüber den Weltkriegskonstruktionen wesentlich gesteigerte Geschwindigkeit, die es den alten Waffen unmöglich macht, dem Panzerangriff längere Zeit unmittelbar zu folgen. Panzerung, Waffenwirkung, Richt-, Sicht- und Nachrichtenmittel sind seit dem Kriege wesentlich verbessert. Allerdings ist demgegenüber auch mit erheblich stärkerer Gegenwehr zu rechnen. Die Hauptfeinde der Panzerkampfwagen sind die gegnerischen Panzer und sodann die Panzerabwehrgeschütze, die dazu zwingen, das Angriffsverfahren auf diese Gegner einzustellen und zumal die eigene Waffenwirkung und die eigene Geschwindigkeit voll auszunutzen. Allerlei Arten von Sperren, besonders Minen, treten hemmend hinzu.*)

Das Gerät neuzeitlicher Panzerverbände trägt diesen technischen Möglichkeiten und taktischen Gefahren weitgehend Rechnung. Um ein klares Bild geben zu können, werden die wesentlichsten Panzerkampfwagentypen nachstehend gekennzeichnet:

a) Leichte Panzerkampfwagen tragen eine Bestückung von 1 Geschütz vom Kaliber 20 mm bis 60 mm und mehreren M.G.; Maschinenpistolen, Pistolen und Handgranaten dienen der Nahverteidigung der Besatzung; bisweilen sind Nebelapparate eingebaut. Die Panzerung ist durchwegs SmK-sicher, gelegentlich, besonders an lebenswichtigen Teilen des Aufbaus und am Turm stärker. Die Durchschnittsgeschwindigkeit bei Tage beträgt auf dem Marsche etwa 20 km/Std., auf dem Gefechtsfeld 12 bis 16 km/Std. Dunkelheit und ungünstige Witte-

*) Vgl. Walther Nehring, „Panzerabwehr". Verlag E. S. Mittler & Sohn, Berlin 1937.

rungs- oder Bodenverhältnisse können sie erheblich herabsetzen. Die obere Gewichtsgrenze dieser Fahrzeugart liegt etwa bei 18 t. Die leichten Panzerkampfwagen sind die Träger des Kampfes in vorderer Linie; sie fechten mit dem Geschütz gegen die feindlichen Panzer, mit dem Maschinengewehr gegen lebende Ziele.

b) Für die Aufgaben der Nahaufklärung, Nahsicherung und Befehlsübermittlung bedient man sich vielfach noch leichterer, nur mit M.G. bestückter Panzerkampfwagen von 4 bis 7 t. Diese Kampffahrzeuge sind über die genannten Zwecke hinaus — zumal unter dem Schutze schwerer Panzer — aber auch im Kampfe gegen lebende Ziele gut verwendbar. Geringe Zielhöhe und große Schnelligkeit und Wendigkeit machen sie zu besonders gefährlichen Feinden der Panzerabwehrgeschütze. Ihr niedriger Anschaffungspreis gestattet Fertigung großer Mengen. Sie sind bei Auftreten in großer Zahl ein nicht zu unterschätzender Gegner.

c) Mittlere Panzerkampfwagen tragen Geschütze von 7,5 bis 10 cm Kaliber. An Geschwindigkeit und Panzerung erreichen sie die unter a) genannten leichten Typen. Sie dienen den leichten Panzern als Rückhalt, zumal in der Bekämpfung von Fernzielen, festen Zielen, Ortschaften, Feldbefestigungen, Wäldern und Abwehrgeschützen.

d) Schwere Panzerkampfwagen sind mit mehreren M.G., mit leichten Geschützen und mit Geschützen von mehr als 10 cm Kaliber bestückt. Sie sind in der Regel besonders stark, in Frankreich bis zu 50 mm gepanzert und zum Angriff auf feste Stellungen oder Festungen bestimmt Ihre Gewichte bis zu 90 t bedingen u. U. Sonderfahrzeuge zur Beförderung auf der Eisenbahn.

Mittlere und schwere Panzerkampfwagen führen für Kaliber über 10 cm in der Regel Nebelmunition zum Blenden feindlicher Beobachtungsstellen. Batterien und vor allem von Panzerabwehrgeschützen mit.

Die Gliederung. In den für bewegliche Kriegführung bestimmten Panzerverbänden treten die erstgenannten drei Gattungen von Panzerkampfwagen gemischt auf. Je nach dem Kampfzweck überwiegt die Zahl der leichten oder mittleren Wagen. Die schweren Panzerkampfwagen bilden besondere Einheiten für den Kampf um ausgebaute Stellungen Man unterscheidet im Ausland daher leichte, mittlere, schwere und gemischte Panzer-Abteilungen (Bataillone). Zwei oder mehr

Abteilungen bilden ein Panzer-Regiment, mehrere Regimenter eine Panzer-Brigade.

Die Führung der Panzerverbände erfolgt durch Funk, die der kleinen Einheiten von der Kompanie abwärts auch durch Sichtzeichen. Solange Funkstille gehalten werden muß, kann die Befehls- und Nachrichtenübermittlung durch Fernsprecher, Kraftfahrzeuge und Flugzeuge sichergestellt werden.

Die Stäbe werden vielfach in Panzerbefehlswagen mit Funkgerät beweglich gemacht und mit je einem Zug M.G.-Panzern zum Meldedienst ausgestattet.

Die Führung der Panzerverbände vom Flugzeug aus, die vielfach im Ausland vorgeschlagen wird, ist abhängig von der vorherigen Erringung der Luftherrschaft im Angriffsraum und benötigt einwandfreien Funkverkehr und geeignete Flugzeugtypen. Sie stellt zur Zeit noch ein ungelöstes Problem dar.

Wir nehmen an, daß vom Brigadekommandeur bis zu den Zugführern einschließlich die Führerpanzer Sender und Empfänger besitzen, die übrigen Panzer hingegen nur Empfänger. Wir legen ferner eine Durchschnittsmarschgeschwindigkeit von 20 km/Std. zugrunde und eine Kampfgeschwindigkeit von durchschnittlich 16 km/Std., einigermaßen günstigen Boden und günstiges Wetter vorausgesetzt.

Auf dieser Grundlage wollen wir versuchen, uns ein Bild vom Angriffsverfahren einer Panzer-Brigade zu machen. Wir sind uns klar, daß im allgemeinen Panzerangriffe nur dann durchschlagende Erfolge erzielen werden, wenn durch Zusammenfassen der Kräfte die erforderliche Massenwirkung erreicht ist; der Verband der Panzer-Brigade ist die kleinste Gefechtseinheit, die mit einem selbständigen Auftrag betraut werden sollte.*) Wir vergegenwärtigen uns hierzu ferner nochmals, daß die Panzertruppen in der Bewegung fechten und daß ihr Angriff eine Verbindung von Feuer und Bewegung unter Panzerschutz darstellt. Es darf nicht etwa der Eindruck obwalten, als ob das Niederwalzen des Gegners die Hauptaufgabe der Panzer sei. Vielmehr ist die tatsächliche Wirkung durch Feuer, die Vernichtung des Gegners durch Waffenwirkung das Wesentliche, das Niederwalzen eine gelegentliche Nebenwirkung vornehmlich zur Zerstörung von Gerät. Die Waffenwirkung aus den Panzerkampfwagen ist abhängig

*) Vgl. die russischen Manöver 1935 mit ihrem Einsatz von 1000 Panzerkampfwagen in 4 Treffen.

a) von der Güte der Waffe und Munition; zum Treffen aus der Bewegung bedarf es großer Anfangsgeschwindigkeit und rascher Schußfolge; die Munition muß beobachtungsfähig sein (Leuchtspur);

b) von der Güte der Richtmittel; gute optische und direkte Richtmittel und leicht zu handhabende Höhen- und Seitenrichtmaschinen sind erforderlich;

c) von der Bauart des Panzerlaufwerks, zumal der Federung des Fahrzeugs, durch deren sachgemäße Auswahl zu harte Stöße wie zu lang anhaltende Schwingungen vermieden werden können;

d) vom Gelände und von der Bodenbedeckung; unebener Boden verursacht starke Schwankungen und somit schwieriges Folgen mit den Richtmitteln; steile Hänge können nach Höhe und Tiefe erhebliche tote Winkel bedingen; starke Bodenbedeckung, z. B. hohes Getreide, Strauchwerk, Wälder, Ortschaften erschweren das Erkennen der Ziele und setzen die Waffenwirkung herab;

e) vom Ausbildungsstand der Schützen und Fahrer; ständige Übung im Gebrauch der Richtmittel, genaue Kenntnis der Waffe und die Fähigkeit, sie im Dämmerlicht und bei den Schwankungen und Stößen des Panzers zu bedienen, gespannte Aufmerksamkeit auf den Feind und rasche Entschlußkraft beim Auslösen des Feuers sind die für Panzerschützen erforderlichen Eigenschaften; die Panzerfahrer müssen in der zur Schußabgabe erforderlichen Zeit besonders weich und stoßfrei fahren und die Kampftätigkeit des Schützen verständnisvoll unterstützen.

Das Feuer aus Maschinengewehren wird während der Fahrt von 400 m abwärts, das aus Geschützen von etwa 1000 m abwärts wirksam. Die französische Vorschrift sagt z. B. ganz klar: „Die Panzerkampfwagen können ihre Waffen auf nahe Entfernung mit Genauigkeit und Schnelligkeit gebrauchen."*) Die englische Vorschrift besagt: „Man muß sich aber völlig darüber klar sein, daß die Aufgabe der Kampfwagen nicht lediglich im bloßen Erreichen eines befohlenen Zieles besteht, sondern im Ausfindigmachen und Aufräumen allen Widerstandes durch M.G. und Handfeuerwaffen . . .", man kann wohl hinzufügen „und durch Geschütze".

Aus dem Halten kann natürlich auch auf weitere Entfernung bis zur Grenze der Visiereinrichtungen mit Aussicht auf Wir-

*) «Les chars peuvent utiliser leur armement à courte distance avec précision et rapidité.» Réglt. d'Inf.

kung geschossen werden. Wenn die Gefechtslage und die Rücksicht auf den Zusammenhang des Panzerverbandes es zulassen, wird man daher das Feuer aus dem Halten dem aus der Bewegung vorziehen; insbesondere wird der Feuerschutz für vorgehende Panzer häufig durch haltende Panzereinheiten aus Hangstellungen oder sonstigen Deckungen heraus abgegeben. Im wirksamen Feuerbereich feindlicher Abwehrwaffen oder Artillerie und im Kampf mit feindlichen Panzern muß meist aus der Bewegung geschossen werden; das Schießen aus der Bewegung bildet somit das Kernstück der Schießausbildung.

Panzertruppen können vermöge ihrer operativen und taktischen Beweglichkeit rasch zusammengezogen und eingesetzt werden. Diese, den Panzertruppen innewohnende Eigenschaft gestattet mehr als bei anderen Erdtruppen den überraschenden Einsatz. Die Angriffsvorbereitungen müssen daher von dem Streben nach Überraschung geleitet sein. Das bedeutet äußerstes Abkürzen und Zusammendrängen dieser Maßnahmen unter Ausnutzen der Nacht und der Schnelligkeit für die Anmärsche, rechtzeitiges Sicherstellen des wichtigsten Nachschubes, sorgsame Verkehrsregelung, klare Befehlsverhältnisse. Bei Amiens 1918 gelang den Engländern der Aufmarsch ihrer Panzerkräfte in zwei Nächten; in der Nacht vom 6. zum 7. 8. wurden die Panzer in Bereitstellungsräume zwei bis drei englische Meilen hinter der Front geführt, in der Nacht vom 7. zum 8. 8. in die 1000 Schritt hinter der vorderen Infanterielinie liegende Sturmausgangsstellung. In Zukunft kann angesichts der Leistungsfähigkeit und Schnelligkeit des Geräts auf das Beziehen einer besonderen Sturmausgangsstellung meist verzichtet und der Angriff aus einer Bereitstellung außerhalb der Reichweite der feindlichen Artillerie angesetzt werden, wenn nicht besondere Umstände, z. B. Geländeschwierigkeiten, ein anderes Verfahren bedingen. Für die Bereitstellungsräume selbst ist die Möglichkeit guter Tarnung sowie ein gutes Wegenetz wichtig; in ihnen werden die letzten Vorbereitungen für den Angriff getroffen, der Betriebsstoff ergänzt. die Truppe verpflegt, nach langen Anmärschen die Besatzungen gewechselt. Die erforderlichen Erkundungen und die Verbindungnahme mit den anderen Waffen werden durchgeführt.

Die Erkundungen sollen nicht mehr Zeit beanspruchen, als bei den anderen Waffen auch. Gutes Kartenlesen und richtiges Auswerten von Luftbildern, unter Umständen eine persönliche Erkundung des Angriffsgeländes mit dem Flugzeug durch die Panzerführer müssen die Unterlagen für den Angriffsentschluß schaffen. Die Erkundungsergebnisse der anderen Waffen geben den Panzern oft wertvolle Hinweise und sind ihnen zuzuleiten. Innerhalb der eigenen Linien trägt sorgsames Festlegen und Freimachen der Anmarschwege, zumal für die Nacht, wesentlich zu reibungslosem Ablauf der Bewegungen bei: hierbei sollte mit Wegebezeichnungen und -posten nicht gespart werden, dann kann die Truppe auch ohne Licht rasch und ruhig in die Bereitstellungsräume einrücken.

Aus der Bereitstellung wird entfaltet zum Angriff vorgebrochen. Unter Entfaltung versteht man ein Vorgehen in der für das spätere Gefecht beabsichtigten Breite und Tiefe, bei dem die einzelnen Einheiten in sich in Reihen bleiben, um vorhandene Wege auszunutzen, Engnisse leicht zu überwinden und die vorn meist bereits entwickelt in Stellung befindlichen anderen Waffen glatt durchschreiten zu können. Hierbei ist besonders darauf zu achten, daß die Nachrichtenverbindungen nicht gestört werden. Die günstigste Angriffszeit wird in der Abend- oder besser der Morgendämmerung zu suchen sein, wenn durch natürlichen oder künstlichen Nebel und das Zwielicht die Sicht des Verteidigers auf wenige hundert Meter beschränkt und die Wirkung seiner Abwehrwaffen hierdurch erheblich herabgemindert wird. Täuschungsmaßnahmen, Artilleriefeuer, Vernebelungen, Fliegertätigkeit, Scheinangriffe an anderer Stelle lenken die Aufmerksamkeit des Gegners von der beabsichtigten Angriffsfront ab; Gleichzeitigkeit des Vorgehens auf breiter Front trägt zur Zersplitterung der feindlichen Waffenwirkung bei.

Unmittelbar vor Eintritt in den Kampf wird aus der Entfaltung in die Gefechtsformation aufmarschiert. Alle Bewegungen in Sicht des Feindes vollziehen sich bis zur eigenen Feuereröffnung in großer Geschwindigkeit und unter Ausnutzen der Deckungen, die das Gelände bietet. Der Schnelligkeit des Angriffs und damit der Überraschung kommt zugute, wenn das Gelände nach dem Feinde zu abfällt. Die Geländegestaltung beeinflußt wesentlich die Angriffsrichtung der Panzerverbände; es ist wichtiger, ihnen gutes Fahrgelände zuzuweisen, als ihren Angriff gleichlaufend mit dem anderer Waffen in ungünstigem Gelände anzusetzen. So erfolgt einheitlich auf breiter Front und in tiefer Gliederung mit großer Wucht der überraschende Einbruch in den Feind. Jede Einheit der Panzer-Brigade strebt ihrem Angriffsziel zu, so schnell es der Widerstand des Gegners gestattet. Die ständige Feuerbereitschaft aller Waffen und die Aufmerksamkeit und gute Ausbildung der Bedienungen gestatten kraftvolles Führen des Feuerkampfes auf wirksamste Schußweiten. Auf der tatsächlichen Waffenwirkung allein beruht auf die Dauer auch die seelische Wirkung des Panzerangriffs. Hieraus ergeben sich gewisse Folgerungen für die Gefechtsführung. Zum Schießen muß gehalten oder doch die Fahrt so weit herabgesetzt werden, daß genaues Richten möglich ist, d. h. je nach der Geländegestaltung und der Bauart des Fahrzeuges auf 12 bis 20 km/Std. Man kann den Gegner, zumal Abwehrgeschütze oder feindliche Panzertruppen, nicht einfach übersehen, sondern muß ihn bekämpfen.

Die Gefechtsformen sollen diesen Kampfbedingungen Rechnung tragen. Sie müssen einfach sein und den wirkungsvollen Gebrauch zahlreicher Waffen gestatten, ohne daß die Panzer sich gegenseitig behindern.

Die kleinste Kampfeinheit ist der Zug von 3 Panzerkampfwagen bei schweren und mittleren, von 5 bis 7 Panzerkampfwagen bei leichten Kompanien. Er soll im allgemeinen nicht geteilt werden. Die Züge bewegen sich in Linie oder im Keil, mit etwa 50 m Zwischenraum von Wagen zu Wagen, durch das Gelände. Die Kompanien gliedern sich zum Angriff in Wellen. Leichte Kompanien vorderer Linie erhalten häufig, zumal nach englischer Anschauung, einige mittlere (Geschütz-) Panzer zu unmittelbarer Unterstützung unterstellt. In vorderer Linie oder auf Flügeln eingesetzte Kompanien sorgen für Gefechtsaufklärung in Front und Flanken. Ähnlich verfahren die Abteilungen: sie gliedern sich in mehrere Linien. Die Brigade kann ihre Regimenter treffenweise, d. h. hintereinander, oder flügelweise, d. h. nebeneinander, einsetzen. Beim treffenweisen Einsatz werden die Regimenter ihre Abteilungen oft nebeneinander, beim flügelweisen Einsatz hintereinander oder gestaffelt ansetzen. Alle Führer befinden sich weit vorn, damit sie ihre Einheiten ständig übersehen und ihren persönlichen Einfluß geltend machen können.

Jedem Treffen und in diesem wieder jeder Einheit ist ein klar umrissener Kampfauftrag zu geben, für den Durchbruch z. B.: „1. Treffen stößt durch bis zu den feindlichen Stäben und Reserven und schaltet sie aus; 2. Treffen vernichtet die feindliche Artillerie; 3. Treffen bekämpft die feindliche Infanterie und hält sie nieder, bis die Angriffsinfanterie eingetroffen ist; es folgt sodann zur Verfügung des Panzerführers." Die Angriffsziele und Richtungspunkte werden zweckmäßig im Gelände gegeben, um das Innehalten der Angriffsrichtung im großen zu gewährleisten. In unübersichtlichem Gelände, bei Nebel und bei Dunkelheit muß nach Kompaßrichtung geführt werden. Luftbilder, zumal Schrägaufnahmen, können eine wertvolle Hilfe sein. Die B r e i t e d e s A n g r i f f s einer Panzer-Brigade zu vier Abteilungen beträgt 2 bis 4 km, seine Tiefe 3 bis 5 km. Die Breite des Angriffs entspricht etwa der einer Infanterie-Division, jedoch bringt die Panzer-Brigade in der vorderen Kampfzone mehr leichte und schwere Waffen zum Feuern. Die Bedienungen dieser Waffen werden unter Panzer, der gegen kleinkalibrige Infanteriewaffen schützt, und mit großer Geschwindigkeit gegen den Feind gefahren; die Zeit der möglichen Gegenwirkung wird dadurch erheblich beschränkt. Auf diesen Eigenschaften, der Feuerwucht, der Geschwindigkeit und dem Panzerschutz beruht die Angriffskraft der Panzertruppe; jede Einschränkung einer dieser Bedingungen setzt sie herab; insbesondere verlängert eine geforderte Herabsetzung der Geschwindigkeit, etwa um den Zusammenhalt mit langsameren Waffen zu wahren, die Zeitspanne für das Wirksamwerden der gegnerischen Panzerabwehr sowohl durch Abwehrgeschütze wie durch einen Gegenangriff feindlicher Panzertruppen; sie ermöglichen ferner dem Gegner im Zeitalter motorisierter Reserven das Bilden einer neuen Front zum Abriegeln der Einbruchsstelle und erschwert dadurch die Fortsetzung des Angriffs, wenn sie sie nicht gar unmöglich macht.

Den Abschluß des Panzerangriffs bildet das O r d n e n d e r V e r b ä n d e zu neuer Verwendung, sei es zur Verfolgung, sei es zur Erweiterung einer Durchbruchslücke durch Aufrollen der gegnerischen Flanken oder zu erneutem Einsatz gegen anrückende feindliche Reserven oder — im Falle des Mißlingens — zum Sammeln an geeigneter Stelle. Hierbei wird es oft erforderlich sein, Munition zu ergänzen, Verluste auszugleichen oder abgekämpfte Einheiten durch frische zu ersetzen. Selten werden die S a m m e l p l ä t z e vorher bestimmt werden können. Sie müssen jedenfalls Deckung gegen feindliches, direktgerichtetes Feuer und gegen Fliegersicht bieten, rasche Entfaltung gestatten und gesichert werden.

Schließlich muß noch der P a n z e r k a m p f, d. h. das Gefecht Panzer gegen Panzer, kurz erörtert werden. Kriegserfahrungen über diese in Zukunft wesentliche Kampfart sind spärlich und auf west- und mitteleuropäischen Gefechtsfeldern voraussichtlich nur begrenzt verwertbar. Daraus lassen sich folgende Gesichtspunkte ableiten:

Treten feindliche Panzer auf dem Gefechtsfeld auf, so sind sie für alle eigenen Panzer und Panzerabwehrwaffen der gefährlichste und daher vordringlich zu bekämpfende Gegner. Man wird anstreben, den feindlichen Panzern zunächst aus einer haltenden Feuerfront von Panzern oder Abwehrgeschützen entgegenzutreten und sie mit einem Feuerüberfall zu überschütten. Läßt sich dies nicht oder nicht länger durchführen, so muß zum Kampf in der Bewegung übergegangen werden. Hierbei ist es wichtig, den eigenen Panzern gutes Fahrgelände, gutes Licht und günstigen Wind zu sichern. Es ist ferner wichtig, daß die Ordnung in den Verbänden gewahrt bleibt, hierzu die vorgeschriebene Geschwindigkeit innegehalten wird, die Feuerleitung nicht verlorengeht und die Führer ihre Reserven in der Hand haben. Der Panzerkampf wird durch Feuer entschieden. Straffe Feuerleitung und gute Schießausbildung sind daher besonders wichtig. Durch gute Geländebenutzung können die eigenen Verluste erheblich herabgesetzt werden. Unter Umständen kann die Verwendung künstlichen Nebels angezeigt sein. Der Kampf gegen die feindlichen Panzer muß bis zu deren Vernichtung durchgeführt werden; erst dann kann man an die Erledigung anderer Aufgaben denken.

Das Zusammenwirken mit anderen Waffen

Die Frage des Zusammenwirkens der Panzertruppen mit den anderen Waffen ist das zur Zeit brennendste und meistumstrittene Problem, das durch die Entstehung der neuen Waffe aufgeworfen wurde. Zwei völlig entgegengesetzte Anschauungen streiten um die Oberherrschaft. Die Vertreter der einen betrachten die Infanterie als die Hauptwaffe, die alleinige „Königin des Schlachtfeldes", der alle anderen lediglich als Hilfswaffen zu dienen haben. Nach ihrer Ansicht darf der Panzer nicht schneller fahren, als der zu Fuß über das Gefechtsfeld schreitende oder bestenfalls vorübergehend laufende Infanterist. Der Panzer soll gewissermaßen ein fahrender Schild für die ohne ihn angesichts feuernder feindlicher M.G. nicht mehr recht angriffsfähige Infanterie sein. Auf das Ausnutzen der in den Motoren der Panzer schlummernden Geschwindigkeit soll nach Ansicht dieser Richtung verzichtet werden. Die mit dieser Taktik unvermeidbar verbundenen großen Verluste an Panzern glaubt man um der Infanterie willen in Kauf nehmen zu können. Die operativen Aussichten, die sich mit einer schnellen Panzertruppe eröffnen, neigt man zu übersehen. Man bedenkt nicht, daß die Langsamkeit des Angriffsverfahrens im letzten Kriege immer und immer wieder dem Verteidiger gestattete, hinter den Einbruchsstellen eine neue Front zu errichten, daß diese neue Front alsdann nach Fortfall der anfänglich vorhandenen Wirkung der Überraschung in der Regel gefestigter, stärker besetzt war als die ursprüngliche, daß daher die Fortsetzung des Angriffs unter ungünstigeren Bedingungen vor sich ging als der erste Stoß, daß die Gliederung des Verteidigers, zumal die seiner Artillerie, weniger bekannt, Zeit zum Erkunden aber meist nicht vorhanden war. Es ist nicht anzunehmen, daß diese Umstände sich angesichts motorisierter, gepanzerter und fliegender Reserven in Zukunft zugunsten des Angreifers verschieben werden. Die Vertreter der entgegengesetzten Anschauung richten den Blick in eine ferne Zukunft Sie wollen von einem Zusammenwirken mit anderen Waffen nicht viel wissen, sondern die Panzertruppen in rassereinen Verbänden zusammenfassen und in erster Linie gegen Flanke und Rücken des Gegners oder zu weit ausholenden Raids tief in Feindesland ansetzen. Sie glauben, durch Überfall die feindliche Gegenwehr überrumpeln und sich über Sperren, Geländeschwierigkeiten und Befestigungen hinwegsetzen zu können Sie erwarten von dieser Art des Einsatzes kriegsentscheidende Wirkung. Der gegenwärtige Stand der technischen Entwicklung legt der Ausführung derartiger Pläne noch erhebliche Fesseln an. Man wird vorläufig eine zwischen beiden Ansichten liegende Lösung vorziehen, die gestattet, sowohl den anderen Waffen zu helfen, als die technischen Möglichkeiten des neuen Kampfmittels operativ und taktisch voll zur Wirkung zu bringen. Keinesfalls darf durch eine zu starre Organisation oder durch Einzwängen in alte Verhältnisse die zukünftige Entwicklung verbaut werden.

Das Zusammenwirken mit anderen Waffen ist für die Panzer notwendig, weil sie für sich allein — wie übrigens alle anderen Waffen auch — nicht zu Lösung aller an sie herantretenden Kampfaufgaben befähigt sind Der Zwang zum Zusammenwirken legt den Panzertruppen gewisse Verpflichtungen auf, ebenso aber auch den anderen Waffen, besonders insoweit sie zum ständigen Zusammenarbeiten mit Panzern bestimmt sind.

Für die Untersuchung über das Zusammenwirken mit den anderen Waffen sind nachstehende Sätze der englischen „Vorläufigen Gefechtsvorschrift für Kampf- und Panzerkraftwagen" von 1927 von Bedeutung: „Vom Augenblick des Anfahrens an ist der Kampfwagen vorübergehend die Hauptkampfwaffe.

Bild 5. M.G.-Panzerkampfwagen Fiat-Ansaldo, Italien, bei Makalle in Abessinien.

Bild 6. M.G.-Panzerkampfwagen, Deutschland.

Bild 7. Mittlere Panzerkampfwagen, Vickers, England.

Bild 8. Schwere Panzerkampfwagen, Vickers Independent, England.

Bild 9. Panzerbefehlswagen, England.

Bild 10. Fahrzeuge der Dragons Portés, Frankreich.

Bild 11. Gezogene, motorisierte Artillerie, Frankreich.

Bild 12. Selbstfahrlafettenartillerie, USA.

Die zeitliche Regelung eines Angriffs von Kampfwagen und Infanterie muß sich daher, sowohl was das Vorgehen der Infanterie als auch das deckende Feuer der Artillerie anbetrifft, *nach dem Kampfwagenangriff richten. Die Beweglichkeit der Kampfwagen muß voll ausgenutzt werden,* sowohl was die Wahl der Ziele anbelangt als auch beim Entwurf der Zeiteinteilung des Angriffs." Mit diesen Sätzen stimmt die deutsche Vorschrift überein. Sie sagt: „Der Truppenführer bringt die Gefechtstätigkeit der Kampfwagen und die Mitwirkung der übrigen Waffen in Einklang. Das Gefecht der übrigen Waffen muß sich im Angriffsbereich der Kampfwagen nach ihnen richten." (T. F. I, 340.)

Die englische Vorschrift schreibt ferner: „Die Auffassung, daß gepanzerte Kampffahrzeuge dauernd in enger Tuchfühlung mit Kavallerie oder Infanterie tätig sein müssen, ist veraltet; gepanzerte Kampffahrzeuge sind Waffen der guten Gelegenheit. Sie bringen ihre Kampfkraft am zweckmäßigsten zu dem Zeitpunkt, an der Stelle und mit den Kampfmethoden zur Geltung, die ihrer Eigenart angepaßt sind." Und ferner: „Die Zusammenarbeit muß wechselseitig und auf ein gemeinsames Ziel gerichtet sein." „Die Richtung des Vorgehens wird nach ihrer taktischen Brauchbarkeit gewählt und nicht danach, ob sie zur Angriffsrichtung der Infanterie gleichläuft." Die deutsche Vorschrift sagt hierzu ähnlich: „Ausschlaggebend (für die Angriffsrichtung) ist das Gelände. Enges Binden an die Infanterie beraubt die Kampfwagen des Vorteils ihrer Schnelligkeit und läßt sie unter Umständen ein Opfer der feindlichen Abwehr werden." (T. F. I, 339.)

In jüngster Zeit sind hier und da Anschauungen feststellbar, wie sie in und kurz nach dem Weltkriege Geltung hatten. In England standen die Manöver 1935 unter dem Zeichen engster Bindung der Panzer an die Infanterie. Jeder Infanterie-Division wurde unter Aufteilung der Panzer-Brigade eine Panzer-Abteilung unterstellt, obwohl das englische Panzergerät für Kampf in enger Verbindung mit Infanterie wenig geeignet ist; die Masse der englischen Fahrzeuge ist zu schnell, zu schwach gepanzert und zu groß für diese Aufgabe. Panzerverbände über Abteilungsstärke traten nicht auf. Die Wirkung der Panzer war wegen dieser Zersplitterung der Kräfte gering. Auch die motorisierte Infanterie-Brigade spielte wegen ihrer engen Bindung an die Infanterie während der Manöver keine Rolle. Man begründet diese Rückkehr zur Weltkriegstaktik mit dem Bemerken, daß eine Verstärkung des Panzerschutzes für langsam fahrende Infanterie-Begleitpanzer die oben erwähnten Gefahren erheblich mildern und das enge Zusammenwirken mit der Infanterie ermöglichen könne. Um aber Panzer gegen das Mindestkaliber der Abwehrgeschütze, die 2,5-cm-Geschosse, sicher zu machen, bedarf es Panzerstärken von mehr als 30 mm und damit Gewichte, die zur Verwendung starker Maschinen und entsprechend großer Fahrgestelle zwingen. Die Kosten derartiger Panzerkampfwagen sind erheblich, wenn sie in größerer Zahl für Zwecke der langsamen Begleitung eines Infanterie-Angriffs gebaut werden. Und eine größere Anzahl wäre notwendig, wenn der Infanterie auf diese Art wirksam geholfen werden soll. Abgesehen von der Kostenfrage sprechen aber gewichtige operative und taktische Gründe gegen die Aufstellung besonderer, langsamer Panzerabteilungen für die Infanterie. Die für operative Zwecke aufgestellten Panzerverbände lassen sich ohne weiteres geschlossen oder geteilt auch in engerem taktischen Rahmen verwenden, während das Zusammenfassen einzelner, den Infanterie-Divisionen unterstellter Panzerabteilungen zum Einsatz in operativem Sinne, abgesehen von dem hierfür wenig geeigneten Gerät, daran scheitern dürfte, daß die erforderlichen Stäbe und Ergänzungswaffen nicht vorhanden sind und sich auch nicht aus dem Boden stampfen lassen. Je schneller eine Waffe in ihren Bewegungen auf dem Marsch und im Gefecht ist, desto wichtiger ist es, sie und ihre Führer im Frieden bereits in den Verbänden zu schulen, in denen sie im Kriege fechten soll. In dieser Hinsicht gibt die Organisation der deutschen Kavallerie in der Zeit vor dem letzten Kriege und die 1914 mit ihren nicht eingespielten Stäben und Nachrichtenmitteln, ihrer lückenhaften Ausrüstung, ihrer mangelnden Marschtechnik im großen Verbande und ihrem wenig zeitgemäßen Kampfverfahren gemachten schlechten Erfahrungen eine eindringliche Lehre: Die Friedensgliederung der deutschen Kavallerie, die vor dem Kriege mit Ausnahme der Garde-Kavallerie-Division brigadeweise den Infanterie-Divisionen unterstellt war, hat sich auf die Leistungen der großen Kavallerie-Einheiten bei Kriegsbeginn nachteilig ausgewirkt; es besteht kein Anlaß, den Fehler bei der Panzertruppe zu wiederholen. Im Infanteriekampf werden langsame Infanterie-Panzerkampfwagen, auch wenn ihre Panzerung verstärkt wird, ihre Aufgabe nicht erfüllen können, wenn mit neuzeitlichen Abwehrgeschützen und mit dem Auftreten schnellerer feindlicher Panzertruppen zu rechnen ist, und wann wäre das nicht der Fall? Die langsamen Panzer sind dann gegenüber gleichbewaffnetem Feind hoffnungslos unterlegen. General außer Dienst J. F. C. Fuller*) sagt hierzu: „Infanterie kann unter ihrem eigenen Feuerschutz eine mit Mehrladern und Maschinengewehren ausgestattete Infanterie nicht angreifen, denn ein solches Unternehmen versuchen, hieße Selbstmord begehen. Sie kann das nur tun, wenn sie durch einen dichten Granatenvorhang geschützt oder durch Tanks vorwärts geleitet wird; in letzterem Falle ist sie nur ein Hemmschuh für die freie Bewegung dieser Maschinen. Der Infanterie für diesen Zweck Sondertanks geben, heißt nur den Wert dieser Waffen einschränken . . ." Und an anderer Stelle: „Selbst wenn man auf dem Frontalangriff beharrt und selbst wenn die Infanterie fortfahren muß zu stürmen: ist es angesichts der Tatsache, daß die meisten unserer möglichen Feinde im nächsten Kriege drei- bis viermal soviel Maschinengewehre haben werden als 1918, daß sie eine für die Panzerabwehr ausgerüstete und ausgebildete Artillerie besitzen und daß sie mit schnell fahrenden Panzerkampfwagen (der wirksamsten Abwehrwaffe) ausgestattet sein werden, ist es unter diesen Umständen vernünftig anzunehmen, daß in diesem Kriege eine langsame Maschine, selbst als eine Schutzwaffe für die Infanterie, einer schnellen Maschine überlegen sein wird? Sie wird mehr Maschinengewehre zu zerstören haben, mehr Abwehrgeschosse werden auf sie gerichtet werden, und wenn sie von schnellen Tanks angegriffen wird, wird sie erledigt werden."**) Man betont vielfach, daß zwar gewisse englische Ansichten zu einer selbständigen Verwendung der Panzertruppen neigen, daß aber der Neudruck der offenen französischen Vorschrift „Réglement d'Infanterie, Deuxième Partie, Combat," vom Jahre 1935 nach wie vor die engste Verbindung zwischen Infanterie und Panzerkampfwagen verlangt. Diese Vorschrift gibt im Kapitel „Gefecht mit Panzerkampfwagen" hinsichtlich der Panzer Zahlen, die dem technischen Stand am Schlusse des Krieges entstammen, z. B. für leichte Panzerkampfwagen: Höchstgeschwindigkeit 7 km/Std., Gefechtsgeschwindigkeit 2 km/Std., Durchschnittsgeschwindigkeit auf Gleisketten 3,5 km/Std. Die Bestimmungen über das Zusammenwirken zwischen Infanterie und Panzertruppe beziehen sich also auf ein altes Gerät, das im Gefecht nicht schneller ist als die Infanterie. Sie sehen daher eine enge Ver-

---

*) J. F. C. Fuller. The army in My Time. Rich and Cowen, Ltd., London 1935.

**) „Army usw. Gazette" vom 26. September 1935, S. 776.

bindung beider Waffen und die grundsätzliche Unterstellung der Panzereinheiten unter die Infanterie vor; Infanterie und Panzer erhalten grundsätzlich die gleichen Angriffsziele; die Panzer sollen eher zurückgenommen werden, als selbständig über die Ziele der Infanterie hinaus vorgehen; der Angriff einer Infanterie-Kompanie soll im allgemeinen von einem Zuge Panzerkampfwagen, der eines Bataillons von einer Kompanie Panzerkampfwagen unterstützt werden. Die Richtlinien über Einsatz und Verwendung des neuzeitlichen französischen Panzergeräts haben bisher noch nicht den Weg in die Öffentlichkeit gefunden. Eine Reihe von Äußerungen in der französischen Presse läßt darauf schließen, daß dieses Gerät neben stärkerer Panzerung und Bestückung auch eine beträchtlich höhere Geschwindigkeit aufweist als das aus dem Kriege übernommene Panzerkampfwagengerät. Aus Besprechungen über die neuen Panzerkampfwagen „D" in der Fachliteratur geht hervor, daß trotz der verbesserten technischen Leistungen die amtlichen Stellen sich auch heute noch Erfolg vorwiegend vom engen Zusammenwirken der Panzerkampfwagen mit der Infanterie und Artillerie versprechen. Daß diese Auffassung aber auch in Frankreich nicht unumstritten ist, beweist das Buch des Oberst de Gaulle „Vers l'armée de métier."*) Wir lesen dort: „Genügend weit rückwärts gliedern sich die Kampfwagen zur Schlacht. Sie werden gewöhnlich in drei Staffeln eingeteilt. Zunächst kommen die leichten Fahrzeuge, die als erste die Gefechtsfühlung mit dem Feinde herstellen sollen. Dann folgt die aus mittleren und schweren Wagen bestehende Kampfstaffel ... Schließlich ist die Reservestaffel dazu bestimmt, die vorderen Staffeln abzulösen oder den Sieg auszubreiten ... Die leichten Kampfwagen gehen über die Ausgangsstellung vor und stürzen sich in rascher Fahrt auf den Feind. Nun aber greift die Kampfstaffel ihrerseits in die Schlacht ein. In starken Gruppen windet sie sich durch das Gelände ... In den meisten Fällen liegt ihre Angriffsrichtung schräg zur feindlichen Front, um Widerstand flankierend zu fassen. Zu vermeiden ist dabei, daß das Vorgehen durch zeitraubende Säuberungsarbeiten ungebührlich ins Stocken kommt ... Die vordersten Staffeln dürfen sich also dabei nur so lange aufhalten, daß sie durchbrechen können; dann müssen sie schleunigst auf ihr Endziel vorstoßen. Wenn sich der Erfolg des Kampfwagenangriffs fühlbar macht, gewinnt auch die Infanterie vorwärts Raum. Sie kann dabei

*) In deutscher Übersetzung im Verlag Voggenreiter, Potsdam, unter dem Titel „Frankreichs Stoßarmee" erschienen.

auf geländegängigen Fahrzeugen sitzen, kann aber auch zu Fuß vorgehen. Jedenfalls besteht ihre Aufgabe darin, das eroberte Gelände in Besitz zu nehmen. Oft muß sie auch noch den letzten Widerstand beseitigen, dazu selbst angreifen und ihre Begleitgeschütze einsetzen." Im Einklang mit diesen Gedankengängen stehen die für Sommer 1937 in Frankreich geplanten Versuchsübungen mit einer schweren Panzer-Division, die erkennen lassen, daß die Anregungen des Oberst de Gaulle ernsthaft erprobt werden. Die Entwicklung neuzeitlicher Panzertruppen darf nicht unter dem Gesichtswinkel betrachtet werden, wie der Infanterie in ihrem mühevollen, langsamen Angriff unmittelbar geholfen werden kann. Vielmehr muß geprüft werden, ob nicht auf anderem Wege die Eigenschaften der Panzer besser ausgenutzt und somit der Gesamtkampfhandlung wirkungsvoller dienstbar gemacht werden können. Im Auslande werden deshalb Versuche unternommen, die Infanterie zu schnellerer Bewegung auf dem Gefechtsfeld zu befähigen und ihr dadurch die Möglichkeit zu geben, dem schnellen Panzerangriff besser zu folgen. Hierfür gibt es mehrere Wege. Der eine Weg führt zu einer Befreiung vom Gepäck in Verbindung mit einer leichteren Uniform; er ist für die gesamte Infanterie gangbar und erleichtert ihr nicht nur das Ausnutzen der Erfolge eines Panzerangriffs, sondern auch ihre sonstigen Kampfaufgaben. Der zweite Weg führt zur Motorisierung wenigstens derjenigen Schützeneinheiten, die ständig mit Panzertruppen zusammenwirken sollen, nach der Art, wie es Oberst de Gaulle andeutet und wie es in Gestalt der „Dragons portés" in Frankreich Wirklichkeit geworden ist. Die französischen „Dragons portés" sind größtenteils auf weitgehend geländegängigen Halbkettenfahrzeugen, Typ Citroën-Kégresse, beweglich gemacht und neuerdings zum Teil durch leichte Panzerung gegen Infanteriefeuer geschützt.

Infanterie und Panzer müssen ihr Zusammenwirken vorbereiten. Je nach der verfügbaren Zeit wird diese Vorbereitung mehr oder weniger gründlich sein. Notwendig ist jedenfalls, daß die Infanterie Raum, Zeit, voraussichtliche Gliederung und Ziele des Panzerangriffs erfährt und einen klaren Kampfauftrag erhält, in welchem ihr insbesondere anzugeben ist, welche Panzereinheiten auf unmittelbares Zusammenwirken mit ihr angewiesen werden. Die Führer dieser Panzereinheiten werden, wenn irgend angängig, mit den entsprechenden Infanterieführern persönlich Fühlung aufnehmen und sich mit ihnen über das zu wählende Kampfverfahren aussprechen; hierbei wird auch die gegenseitige Verbindung während des Kampfes geregelt werden.

Vielfach hört man die Ansicht, daß die Unterstützung der Infanterie durch die Panzer nur durch enges räumliches Zusammenhalten, durch eine körperliche Berührung beider Waffen erfolgen könne; so wurde beispielsweise jüngst getadelt, daß sich die Panzer bei einem Angriff über deckungsloses Feld bis zu 600 m vor den Schützen bewegten, ihnen also weggelaufen seien; diese Kritik berücksichtigt nicht, daß es der Infanterie doch in erster Linie darauf ankommt, für den Angriff über die letzten 600 m Entfernung die Vernichtung oder das Niederhalten der feindlichen Maschinengewehre nicht mit der genügenden Gründlichkeit und Schnelligkeit durchzuführen, weil sie sie nicht erkennen werden; hierzu ist vielmehr erforderlich, daß sie sich in den feindlichen Infanteriekampfraum begeben und dort auf Nahentfernungen mit direkt gerichtetem Feuer die Bekämpfung des Gegners wirkungsvoll durchführen. Die Verfechter räumlich engsten Zusammenwirkens zwischen Panzern und Infanterie sollten sich klarmachen, daß das feindliche Feuer eine unmittelbare Begleitung der Panzer durch die eigenen Schützen gar nicht zuläßt, wenn sich das gemeinsame Vorgehen über mehrere hundert Meter deckungslosen Geländes erstreckt und die feindlichen Maschinengewehre nicht vernichtet oder wenigstens gelähmt sind. Soll der Angriff nicht unnötig verlangsamt werden und damit vermeidbare Verluste erfordern, so muß man verlangen, daß die Panzer mit äußerster Schnelligkeit bis in die feindliche Infanteriekampfzone vorfahren und dort den erkennbaren Feind vernichten oder doch mindestens niederhalten, damit die eigene Infanterie — wenn angängig in einem Zuge und ohne Verluste — folgen kann.

Anders liegen die Verhältnisse, wenn die beiderseitigen Linien nur durch einen schmalen Raum voneinander getrennt sind oder wenn die Front des Verteidigers durch natürliche oder künstliche Hindernisse geschützt ist.

Für das Zusammenwirken zwischen Panzern und Infanterie sind also verschiedene Fälle denkbar:

a) Die Panzer greifen vor der Infanterie an; die Infanterie folgt unter Ausnutzen der lähmenden Wirkung des Panzerangriffs auf die gegnerische Infanterie, besonders auf die M.G. Die Infanterie unterstützt ihrerseits die Panzer durch Bekämpfen erkannter oder Niederhalten vermuteter Panzerabwehrwaffen. Diese Lage wird eintreten, wenn der Angreifer bis zum Ziel weite, deckungslose Räume zu überwinden hat.

b) Die Panzer greifen gleichzeitig mit der Infanterie an; die Infanterie verhält sich wie oben. Dieses Verfahren ist angezeigt, wenn die Gegner in für den Angriff günstigem Gelände einander dicht gegenüberliegen.

c) Die Infanterie greift vor den Panzern an; sie muß dann zuerst durch andere Waffen, vornehmlich durch die Artillerie und die Pioniere, unterstützt werden. Diese Regelung greift Platz, wenn Hindernisse, z. B. Flußabschnitte oder Sperrungen, den sofortigen Einsatz der Panzer verwehren und durch andere Waffen zunächst Brückenköpfe oder Gassen geschaffen werden müssen.

d) Die Panzer greifen schräg zur Angriffsrichtung der Infanterie, aus einem anderen Abschnitt heraus, an, wenn die Geländegestaltung diesen Einsatz begünstigt.

Beim Durchfahren der feindlichen Kampfzone werden die Panzer erkannten Feind — zumal Panzerabwehrgeschütze, schwere Waffen und M.G. — vernichten, vermuteten Feind durch Feuer niederhalten, um der Infanterie den Weg zu bahnen. Es genügt nicht, ein Durchjagen der feindlichen Kampfzone zu versuchen und dadurch moralischen Eindruck auf den Gegner machen zu wollen, vielmehr muß durch Aufsuchen des Gegners und durch ausgiebige Waffenwirkung seine Kraft gebrochen und ein Loch in sein Verteidigungssystem geschlagen werden.

Nur selten wird ein Panzerangriff den infanteristischen Widerstand des Gegners völlig ausschalten können. Einzelne M.G. werden unentdeckt bleiben oder wiederaufleben. Die Infanterie muß sich jedenfalls darüber klar sein, daß die Panzertruppe sie nicht von der Aufgabe befreien kann, selbst zu kämpfen; sie kann ihr den schweren Kampf allerdings wesentlich erleichtern, vielfach überhaupt erst ermöglichen. Aufgabe der Infanterie oder, noch wirksamer, der motorisierten Schützen ist es, die Wirkung des Panzerangriffs unverzüglich zum schnellen Vorgehen auszunutzen und durch eigenen Kampfeinsatz zu ergänzen, bis das vom Panzerangriff eroberte Gelände einwandfrei im eigenen Besitz und vom Feind gesäubert ist. Sie wird beim Vorgehen mit Panzern auf Formen und Kennzeichen bedacht sein müssen, die ihr rasches Vorwärtskommen gestatten und den Panzern das Erkennen der eigenen Infanterie, besonders in der Dämnierung und bei Nebel, ermöglichen, um Unglücksfälle und gegenseitiges Beschießen auszuschalten.

Ähnlich wie die Infanterie wird auch die Artillerie durch die Entwicklung der Panzertruppe vor eine Reihe neuer Aufgaben gestellt. War es im letzten Kriege möglich und richtig, den Panzerangriff durch eine Feuerwalze zu schützen, so ist das bei der Schnelligkeit des Angriffsverfahrens der Panzer jetzt undurchführbar geworden. Fechten die Panzerverbände im Rahmen einer Armee, so erstreckt sich die Mitwirkung der Artillerie der Infanterie-Division in erster Linie auf die Angriffsvorbereitung, die ihr bis zur Grenze ihrer Reichweite ganz übertragen werden muß.

Der Beginn der Artillerievorbereitung zeigt dem Verteidiger die Angriffsabsicht an; bis zu einem gewissen Grade kann er die Ausdehnung des bevorstehenden Angriffs und die voraussichtlichen Haupteinbruchspunkte aus der Art der Artillerievorbereitung erkennen. Der Schleier des Geheimnisses, der bisher die Vorbereitungen des Angreifers umhüllt, wird nunmehr gelüftet. Der Verteidiger wird seine Gegenmaßnahmen in der Luft und auf der Erde treffen. Eine gründliche Luftaufklärung wird einsetzen; die Reserven werden nach der bedrohten Front zusammenströmen, und zwar wesentlich schneller als im letzten Kriege, weil fast alle Heere Europas über neuzeitliche Beförderungsmittel verfügen und neben der Eisenbahn den Kraftwagen und das Flugzeug für ihr Heranführen ausnutzen können. Für die Aussichten des Panzerangriffs wird sich die nunmehr erfolgende ständige Vermehrung der Panzerabwehrwaffen des Verteidigers besonders nachteilig auswirken. Eine lange Artillerievorbereitung bringt zudem den Nachteil mit sich, das Angriffsgelände in ein schwer befahrbares Trichterfeld zu verwandeln, ohne jedoch eine genügende Wirkung auf die Infanterie des Verteidigers zu gewährleisten Je kürzer daher die Artillerievorbereitung ist, desto besser Ist im Angriffsraum keine genügende Artillerie vorhanden oder wird durch das zeitraubende*) und auffallende Zusammenziehen starker Artillerie und ihrer Munition die Überraschung des Gegners in Frage gestellt, so ist es angezeigt, auf Artillerievorbereitung überhaupt zu verzichten Die Artillerie wird dann bereitgestellt, um den Panzerangriff zu überwachen und auf-

*) Für die Schlacht bei La Malmaison im Oktober 1917 benötigten die Franzosen z. B. 80 000 t Artilleriemunition, deren Vorschub bis in die Feuerstellungen 32 Tage dauerte.

tretende, ihn gefährdende Ziele, z. B. Abwehrgeschütze, zu bekämpfen.

Mit Beginn des Panzerangriffs muß das Artilleriefeuer in der Regel aus dem Angriffsraum hinausverlegt werden. Es kann dazu dienen, den Angriffsraum seitlich, bei Angriffen mit begrenztem Ziel auch nach der Tiefe, abzuriegeln und Ziele, die die Panzer nicht angreifen sollen oder können, z. B. Ortschaften, Waldstücke, Steilhänge, voraussichtliche Stellungen von Abwehrgeschützen, niederzuhalten und auszuschalten. Diese Aufgabe wird sich teils mit Brisanz-, teils mit Nebelgeschossen lösen lassen. Sie erfordert große Aufmerksamkeit und wendige Feuerleitung seitens der Artillerie, der dabei die neuzeitlichen Nachrichtenmittel, besonders der Sprechfunk, zu Hilfe kommen.

Die geschilderte Art der Artillerieunterstützung reicht nicht sehr weit in den Feind hinein und kann dem schnell verlaufenden Panzerangriff mit den Beobachtungsstellen nicht schnell genug folgen, solange diese nicht gepanzert sind.

Es entspräche auch nicht der Überlieferung einer angriffsfrohen Artillerie, sich mit dieser Rolle zu begnügen. Die Artillerie strebt daher in allen Armeen danach, sich am Panzerangriff zu beteiligen und sich hierzu zu motorisieren. Die Beweglichmachung durch den Motor vollzieht sich in zwei Formen: als gezogene und als Selbstfahrlafettenartillerie. Die gezogene Artillerie war bisher die Regel; sie besitzt den Vorteil der Trennbarkeit von Waffe und Zugmittel, kann dieses leicht auswechseln und braucht es nicht in der Feuerstellung zu belassen; die Gewichtsfrage spielt beim Kraftzuggeschütz keine große Rolle. Die Selbstfahrlafette ist etwas Neues, Ungewohntes; sie besitzt den Vorteil ständiger Feuerbereitschaft, verknüpft mit ständiger Fahrbereitschaft und mit großer Schwenkbarkeit des einzelnen Rohres wie der ganzen Batterie und mit einem gewissen Panzerschutz; sie erscheint daher als Begleitwaffe für Panzerverbände begehrenswert; in England besteht sie seit längerer Zeit in verschiedener Ausführung, in Amerika und Rußland sind Versuche im Gange. Oberst de Gaulle schildert ihre Fechtweise folgendermaßen:*) „Der sehr schnelle Kampfverlauf gestattet es der Artillerie in der Regel nicht, nach gebräuchlicher Art die Aufgaben so durchzuführen, wie sie ein für allemal vor Beginn des Angriffs festgelegt wurden. Sie kann auch nicht mehr wie früher im Stellungskrieg ganz bestimmte Feuerräume zugewiesen erhalten oder ihr Feuer mathe-

---

*) „Frankreichs Stoßarmee", Voggenreiter Verlag, Potsdam 1935.

matisch genau vorbereiten. Im Gegenteil: wenn die feindliche Stellung genommen ist, muß das Feuer den sich schnell abwickelnden Ereignissen zu folgen wissen. Die Artillerie muß also der Kampfstaffel (der Panzerkampfwagen, d. Verf.) dicht folgen, und zwar nicht nur mit Beobachtungs- und Verbindungsabteilungen, sondern geschlossen mit ihren Geschützen oder sogar ihrem Gefechtstroß. So wird sie selbst eine „masse mouvante", deren Teile selbständig die günstigsten Stellungen aussuchen, um der Lage entsprechend zu handeln, das heißt auf jede Entfernung auf höchst bewegliche Ziele zu feuern. Da sie Kampfwagen-Abwehrwaffen und Maschinengewehre besitzt, kann sie sich selbst schützen. Sie ersetzt die Vorteile einer festen Stellung, Planschießen und einheitliche Feuerleitung durch ihre Beweglichkeit, durch direkte Beobachtung und die Selbsttätigkeit, die ihr eigentliches Wesen ausmacht." Oberst de Gaulle hat damit sein artilleristisches Ideal gezeichnet. Er stellt die Artillerie vor den Entschluß, sich von den Gepflogenheiten eines langen Stellungskrieges mit seinen zuverlässigen Schießgrundlagen, seinen sorgsam durchdachten Meßverfahren und seinem Übermaß an Zeit freizumachen, um dem Panzerangriff schnell folgen zu können.

In diesem Zusammenhang sei noch einmal auf die bereits gestreifte Nebelfrage und auf den Einfluß chemischer Kampfstoffe auf die Verwendung der Panzertruppe eingegangen.

Der Nebel spielt eine ständig an Bedeutung gewinnende Rolle für die Panzertruppe. Hierbei sind drei Hauptarten der Anwendung erkennbar: Das Nebelschießen durch in Stellung befindliche Artillerie bei der Vorbereitung und beim Beginn des Panzerangriffs, das Nebelschießen durch die auf Selbstfahrlafetten bewegte, den Panzerangriff begleitende Artillerie im weiteren Verlauf des Panzerangriffs und schließilch das Abblasen von Nebel aus den Panzern, die Selbstvernebelung.

Die erste Form der Vernebelung bedeutet keine Neuerung; sie wird in ähnlicher Weise wie für den Infanterieangriff benutzt, um feindliche Beobachtungsstellen, vermutete Stellungen von Panzerabwehrwaffen, vermutlich besetzte Orts- und Waldränder auf eine begrenzte Zeit zu blenden, um den Panzern die Möglichkeit ungesehener Annäherung oder unbeschossenen Vorbeifahrens zur Umfassung zu verschaffen. Auch zu Täuschungszwecken kann man Nebel schießen. Das Nebelschießen durch die Panzerbegleitartillerie wird von Zügen oder Batterien ausgeführt, die dicht hinter den vorderen Wellen des

Panzerangriffs mitfahren, um in der Tiefe der feindlichen Kampfzone unvermutet auftauchende feindliche Abwehrwaffen zu blenden. Zum Verfeuern der Nebelgeschosse dienen entweder Geschütze von 10,5 cm Kaliber und darüber oder Minenwerfer. In England hat man leichte und mittlere Panzer mit ihren „close support tanks" in einer Kompanie vereinigt, um eine enge Verbindung von Panzern und Begleitartillerie sicherzustellen.

Die Selbstvernebelung der Panzer, auf die man vielfach anfangs große Hoffnungen setzte, verrät bei der deutlichen Sichtbarkeit ihres Ursprungs den Standort oder Kurs der Panzer; die Panzer fahren entweder in ihrem eigenen Nebel oder — noch unangenehmer — sie heben sich deutlich von der selbst erzeugten Nebelwand ab. Für Angriffszwecke ist daher diese Art des Nebels nur bei sehr günstigen Windverhältnissen verwendbar; sie kann aber das Absetzen vom Gegner erleichtern.

Gegen chemische Kampfstoffe sind die Besatzungen der Panzerkampfwagen verhältnismäßig unempfindlich; das gilt zumal von den ätzenden Kampfstoffen, mit denen Geländevergiftungen durchgeführt werden können, wie z. B. dem Lost; gegen die gasförmigen Kampfstoffe schützt die Maske oder Überdruck im Panzer; darüber hinaus streben ausländische Konstrukteure danach, die Panzerkampfwagen an sich gasdicht zu machen oder die in den Kampfraum gesogene Luft durch Filter von Kampfstoffen zu reinigen. Völlig erfolgreich scheinen die Versuche zur Abdichtung der Panzer gegen Kampfstoffe bisher nirgends gewesen zu sein. Vereinzelt werden Panzer mit Gasblaseeinrichtung erwähnt (Rußland).*)

Die Rolle der Pioniere als Helfer der Panzertruppe beim Angriff ist ebenso wichtig wie in ihrer Abwehr. Sie ist auch ebenso neuartig, besonders auf dem Gebiet des Überwindens von Wasserläufen, Sumpf- und Weichland, und auf dem Gebiet des Räumens von Hindernissen, zumal von Minen. Kleinere Arbeiten dieser Art müssen freilich von den Truppenpionieren ausgeführt werden; grobe Hindernisse jedoch verlangen meist den Einsatz geschlossener, besonders geschulter und mit den erforderlichen Maschinen ausgestatteter Pioniereinheiten.

In manchen Ländern hat man das Überwinden von Wasserläufen, deren Tiefe das Durchwaten ausschließt, durch Schwimmfähigmachen der Panzerkampfwagen zu ermöglichen versucht; eine Reihe beachtenswerter Erfolge sind auf diesem Gebiete,

*) Vgl. General v. Tempelhoff, „Gaswaffe und Gasabwehr", S. 118, E. S. Mittler & Sohn, Berlin 1937.

zumal in England und Rußland, erreicht. Man kann damit rechnen, daß in Zukunft Schwimmpanzer auftreten und zu Aufklärungszwecken und zum Bilden von Brückenköpfen verwendet werden, unter deren Schutz sich dann das Übersetzen der anderen Panzer oder der Brückenschlag vollzieht.

Das Übersetz- und Brückengerät bedarf angesichts der zu bewältigenden Gewichte besonderer Tragfähigkeit; allerdings kann bei Brücken, die nur für Panzertruppen bestimmt sind, auf den vollen Belag verzichtet werden.

Eine Sonderausbildung erfordert das Erkennen und Räumen von Sperren, zumal von Minensperren, die die Verwendbarkeit von Panzertruppen erheblich einschränken können.

Die Tätigkeit der Pioniere im Zusammenwirken mit Panzertruppen wird sich meist in großer Eile und angesichts des Feindes vollziehen müssen. Sie können dann nur unter Panzerschutz an ihre Arbeitsstelle und zur Wirkung gelangen. Verschiedene Länder, vornehmlich England, haben ihre für Panzertruppen bestimmten Pioniere bereits mit Brückenträgerpanzern und Minensuchpanzern ausgestattet. In England ist der schwere Mark-V**-Panzer von 1918 hierzu ausgenutzt worden.

Im Kampf um befestigte Feldstellungen werden den Pionieren weitere Aufgaben erwachsen. Die Panzertruppen verdanken — wie bekannt — ihre Entstehung im letzten Krieg der Tatsache, daß die anderen Waffen nicht imstande waren, in angemessener Frist und unter tragbaren Verlusten Feldbefestigungen zu nehmen. Die besondere Eignung der Panzer für diese Aufgabe beruht auf ihrer Fähigkeit, Drahthindernisse und Gräben zu überschreiten, ohne daß dem Angriff ein langes Wirkungsschießen durch Artillerie und Minenwerfer vorauszugehen brauchte. Voraussetzung für das Gelingen des Panzerangriffs auf Feldbefestigungen ist, daß der Umfang und die Festigkeit der Hindernisse die Leistungsfähigkeit der Panzerkampfwagen nicht übersteigen. Diese Leistungen sind bei schweren und mittleren Panzern allerdings erheblich; für die französischen schweren Panzer betragen z. B.

die Überschreitfähigkeit 4 m,
die Steigfähigkeit 45 °,
die Kletterfähigkeit 1,70 m,
die Watfähigkeit 2 m,
das Umwerfvermögen Bäume bis zu 0,80 m.

Reicht die Leistungsfähigkeit des Panzergeräts für die zu bewältigenden Hindernisse nicht aus, dann setzt die Kunst der Pioniere ein; oft wird man sich bereits vorbeugend ihrer bedienen. Im Kriege wurden zum Räumen von Drahthindernissen besondere Anker konstruiert und zum Überwinden von Gräben Faschinen mitgeführt. Häufig werden Spreng- oder Erdarbeiten auszuführen sein. um Hindernisse befahrbar oder liegengebliebene Fahrzeuge wieder flottzumachen.

Alle diese Arbeiten erfordern eine vielfach über den bisherigen Rahmen des Pionierdienstes hinausgehende Sonderausbildung. Ein erfolgreiches Zusammenwirken von Panzertruppen und Pionieren wird daher vorwiegend von einer mit den Eigenheiten der Panzerwaffe vertrauten Pioniertruppe, die über die erforderliche Ausrüstung verfügt, zu erwarten sein. Unabhängig von dieser Forderung werden sich die Pioniere des Heeres allgemein nicht nur auf die Abwehr von Panzern, sondern auch auf das Zusammenwirken mit ihnen im Angriff einrichten müssen.

In neuzeitlichen Panzertruppen besitzt selbst der leichte Panzerkampfwagen ein Funkempfangsgerät; alle Führerwagen sind mit Sendern ausgestattet. Diese Tatsache allein kennzeichnet die Bedeutung, die die N a c h r i c h t e n t r u p p e für die Führung der Panzereinheiten selbst und für ihre Verbindung mit den anderen Waffen gewonnen hat. Die Ausdehnung der Panzerverbände und ihre motorisierten Ergänzungswaffen nach Breite und Tiefe auf dem Marsch und im Gefecht, die Staubentwicklung, Rauch, Nebel, Bodenunebenheiten und -bedeckung verbieten die Verwendung von Sichtzeichen von der Kompanie aufwärts; die raschen Bewegungen über weite Räume — auch im Kampf — machen die Verwendung des Fernsprechers unmöglich und beschränken seine Anwendung auf Zeiten der Ruhe und Anmärsche hinter der eigenen Front.

Nachrichtentruppen, die zum Zusammenwirken mit Panzertruppen bestimmt sind, werden also vorwiegend Funkertruppen sein. Wie bei den Infanterie-Divisionen dienen sie der Verbindung von dem Führer des Panzerverbandes herunter bis zu den Regimentern und selbständigen Abteilungen, seitwärts zu den Nachbarn und den Fliegern, unter Umständen auch rückwärts zu der vorgesetzten Kommandostelle.

Angesichts der schnell verlaufenden Kampfhandlungen und bei der Forderung, daß die Führer von Panzerverbänden weit vorn sein müssen, vermögen nur schnell bewegliche, voll geländegängige und gepanzerte Nachrichtenfahrzeuge den Ansprüchen der Führung zu genügen. Abgekürzte Funkverfahren, besondere, verabredete Signale sollen das rasche Durchbringen von Meldungen und Befehlen gewährleisten. Zum ständigen

Zusammenwirken mit Panzertruppen braucht man also besonders ausgerüstete und ausgebildete Nachrichtenabteilungen.

Die Aufklärung verspricht nur dann Erfolg, wenn ihre Ergebnisse schnell zur Kenntnis der Führung gelangen; die aufklärenden Organe müssen also schneller sein als die Masse der ihnen folgenden Truppen und über gute Nachrichtenmittel verfügen. An diesen beiden Grundforderungen läßt sich erkennen, wie schwer die taktische und die Gefechtsaufklärung für die an sich schon sehr schnelle Panzertruppe zu erfüllen ist.

Am ehesten verspricht die Luftaufklärung Ergebnisse. Sie gelangt am schnellsten über den Feind und kann nur schwer an der Ausübung ihrer Tätigkeit gehindert werden. Sie hat aber den Nachteil, keine ständige Fühlung mit dem Gegner halten zu können und ist heute noch zeitweise von der Witterung abhängig. Die Erkundungsflieger erhalten ihren Auftrag vor dem Start; Zusätze oder Änderungen können durch Funkspruch oder Aufhaken übermittelt werden; sie melden nach Landung von ihrem Landeplatz oder vorher durch Meldeabwurf oder Funkspruch. Da der Panzerverband sich meist schnell bewegt, ist eine sorgsame Auftragserteilung vor Beginn der Bewegungen erforderlich. Die Absicht und — soweit vorhersehbar — die allgemeine Bewegungslinie des Verbandes müssen den Erkundungsfliegern bekannt sein. Selbst wenn dies der Fall ist, wird es für den Flieger oft schwer sein, den Verband zu finden und die Verbindung z. B. durch Meldeabwurf oder Gefechtslandung sicherzustellen. Beide Verfahren müssen sorgsam geübt werden. Insbesondere muß der Flieger die eigenen und feindlichen Panzerverbände aus der Luft zu unterscheiden vermögen. Auch der Funkverkehr zwischen Flieger und Panzerverband bedarf sorgfältiger und ständiger Übung. Schon im Kriege haben die Engländer daher ihrem Royal-Tank-Corps Flieger ständig zugewiesen und gute Erfahrungen damit gemacht. Persönliche Lufterkundung durch die Führer der Panzerverbände kann vor dem Einsatz vorteilhaft sein. Für reine Verbindungszwecke haben die Franzosen im Manöver 1935 Sportflugzeuge mit Erfolg verwendet. Die Luftaufklärung bedarf der Ergänzung durch eine besonders schnelle und reichlich bemessene Erdaufklärung. Die Forderung auf Schnelligkeit wird zur Zeit von Radfahrzeugen am besten erfüllt, wenngleich ihre Geländegängigkeit hinter der von Kettenfahrzeugen zurücksteht; sie sind daher empfindlicher gegen Hindernisse. Die Aufklärungsabteilungen melden durch Funk oder Kraftfahrzeug. Hinsichtlich der Erdaufklärung wird im übrigen auf das zu Beginn der Schrift Gesagte Bezug genommen.

Fliegerkampfkräfte können den Panzerangriff wesentlich unterstützen. Schon am 8. August 1918 haben englische Flieger durch Bomben- und Maschinengewehrangriffe auf deutsche Batterien, Reserven und Kolonnen das Vorgehen ihrer Panzer wirksam unterstützt. In Zukunft wird angesichts einer wesentlich gesteigerten Panzerabwehr und der Beweglichkeit motorisierter und gepanzerter feindlicher Reserven der Einsatz von Fliegern gegen Erdziele erhöhte Bedeutung gewinnen und die Schnelligkeit des Erdangriffs, insbesondere sein rasches Eindringen in die Tiefe der gegnerischen Verteidigung durch Angriff auf die erwähnten Ziele, auf die Verkehrswege hinter der feindlichen Front, bekannte Stabsquartiere und Truppenunterkünfte ermöglichen können.

Die Kampfhandlungen beider Waffen müssen zeitlich und räumlich in Übereinstimmung gebracht werden. Für den Angriff auf große Ziele (Unterkünfte, Bereitstellungsräume) kommen in erster Linie Bombenverbände, für den Angriff auf kleine Ziele (Verkehrsknotenpunkte, Batterien) Sturzflieger und gegebenenfalls Jagdflieger in Betracht.

In Rußland ist neuerdings eine noch engere Verbindung der Luftwaffe mit den Erdwaffen in Erprobung: der Absprung von Schützeneinheiten mittels Fallschirm. Fallschirmschützen können, zeitgerecht abgesetzt, wichtige Punkte im Hinterland des Feindes, auf die der Panzerangriff gerichtet werden soll, besetzen und Luftlandetruppen sowie den durchgebrochenen Panzereinheiten dadurch Stützpunkte und Versorgungsbasen schaffen. Sie können dann im Zusammenwirken mit Panzern die feindlichen rückwärtigen Verbindungen und Einrichtungen empfindlich stören und schädigen.*)

Panzertruppen können nach gelungenem Angriff die Erfolge der Luftwaffe am schnellsten ausnutzen und ihnen Dauer verleihen.

Ein so unbequemer Gegner wie die Panzertruppe wird bald die Aufmerksamkeit der feindlichen Flieger auf sich ziehen und muß daher auf deren Abwehr bedacht sein. Der Luftschutz der Panzertruppen selbst wird meist mit eigenen Abwehrwaffen und durch sorgsame Tarnung durchgeführt werden können. Die Panzer sind einigermaßen unempfindlich gegen Luftangriffe und nur durch Volltreffer oder Treffer dicht am

*) Vgl. hierzu L. Schüttel, Major (E). Fallschirmtruppen und Luftinfanterie. E. S. Mittler & Sohn, Berlin 1937.

Ziel zu zerstören. Schwächemomente sind gegeben, wenn der Luftangriff die Panzertruppe beim Durchschreiten von Engnissen, im Zustand der Ruhe bei abgesessener Besatzung oder gar beim Tanken trifft. Dagegen bedürfen die großenteils ungepanzerten Ergänzungswaffen der Panzerverbände und der unvermeidliche Gefechtstroß des Luftschutzes durch besondere Abwehrwaffen. Für diese Einheiten ist auch eine besondere Ausstattung mit Panzerabwehrwaffen erforderlich; Panzerabwehreinheiten dienen ferner der Sicherung von Bereitstellungen, Rasten, Sammel- und Ruheplätzen; sie wirken bei der Bekämpfung feindlicher Panzerkampfwagen mit und können hierbei unter geschickten Führern große Erfolge erzielen, jedenfalls aber einen wirksamen Rückhalt für die eigenen Panzer bilden und sie im Falle eines Mißerfolges aufnehmen.

Zum Schluß kommen wir zur ebenso wichtigen wie störenden Frage der Basis der Panzerverbände, diesem Klotz am Bein des Panzerführers. Gewiß wird alles geschehen, um den Troß klein zu halten; aber ohne Munition, Verpflegung und Betriebsstoff, ohne Sanitätsdienst, Werkstätten und Ersatzleute sind die Panzerverbände nicht dauernd kampffähig zu halten. Solange die Panzerverbände im engsten Rahmen einer Armee fechten, ist der Nachschub durch deren Front gesichert; werden sie aber selbständig verwendet — und diese Selbständigkeit tritt bereits unmittelbar nach dem doch meist angestrebten Durchbruch, erst recht aber bei jeder Umfassung oder gar Umgehung in Erscheinung — so tritt die Frage der Sicherstellung des Nachschubs und damit der beweglichen Basis des Verbandes zu den sonstigen Führungsaufgaben hinzu. Ein großer Teil der Nachschubfahrzeuge ist ungepanzert. Mit dem Augenblick des Eintretens in den feindbedrohten Raum bedürfen sie daher der Bedeckung. Da sie vornehmlich durch feindliche Panzerfahrzeuge bedroht werden, muß die Bedeckung mit panzerbrechenden Waffen ausgestattet sein, wenn nicht sogar Panzerfahrzeuge mit dieser Aufgabe betraut und somit ihrer Kampftätigkeit an der Front entzogen werden müssen. Die rechtzeitige Versorgung der Panzertruppe, besonders mit Betriebsstoff und Munition, ist entscheidend für ihre Wirksamkeit und ihre Reichweite. Je weitreichender ihr Einsatz geplant ist, um so wichtiger ist die Sicherstellung des Nachschubs. Je breiter die Angriffsfront der Panzertruppen gemacht werden kann, desto geringer wird die Gefahr seitlicher Bedrohung für den Nachschub.

Bild 13. Schwimmpanzer, England.

Bild 14. Fallschirmschützen beim Absprung.

Bild 15. 2,5-cm-Panzerabwehrgeschütz, gezogen, Frankreich.

Bild 16. Christie-Schnellpanzer, Rußland.

Alle Betrachtungen über das Zusammenwirken der Panzer mit anderen Waffen haben jedoch nur dann eine Berechtigung, wenn die Zusammenarbeit unter Kampfbedingungen erfolgen soll, die der Eigenart der neuen Waffe entsprechen. Die Unterstützung der Infanterie wäre eine verhältnismäßig einfache Aufgabe, wenn den Panzern, wie im Jahre 1918, keine ernsthafte Abwehr gegenüberstände. Dieser damals so günstige Umstand hat sich aber grundlegend geändert. Flieger, Panzer, besondere Panzerabwehrwaffen verschiedener Kaliber und zahlreiche Arten von künstlichen Hindernissen und Minen sind ernst zu nehmende Gegner, denen sich noch die Artillerie des Verteidigers hinzugesellt. Selbst die bisher gänzlich auf enge Zusammenarbeit der Panzer mit der Infanterie eingestellten Franzosen geben die Notwendigkeit einer Änderung der Taktik zu: „Man kann von den Panzern nicht verlangen, zwei Ziele gleichzeitig zu verfolgen: die Lähmung der Maschinengewehre und die Bekämpfung der Panzerabwehr. Hier wie überall ziemt es sich, die Fragen nacheinander zu beantworten. Der erste Akt jedes Vorgehens wird also einen gründlichen Kampf gegen die Panzerabwehr umfassen.

Die Aussicht der Panzer, ihre grundlegende Aufgabe zugunsten der Infanterie zu erfüllen und in deren Folge die weitere Fortsetzung des Angriffs hängen völlig von dem Erfolg dieses einleitenden Kampfes gegen die Panzerabwehr ab. Alle Waffen, die zu ernster Wirkung gegen diese befähigt sind, sind gehalten, sich daran zu beteiligen.“ So urteilt General Brossé in der „Revue Militaire Générale“.*) Er verlangt, daß das Vorgehen der Panzer sich unter einem wohldurchdachten Feuerschutz vollzieht, ist sich dabei aber klar, daß „während des Angriffs von einer Lähmung der Panzerabwehr vor den Panzern mit Hilfe einer Feuerwalze nicht die Rede sein sollte; die Schnelligkeit des Vorgehens neuzeitlicher Gleiskettenfahrzeuge würde diese Feuerart illusorisch machen“. Er schlägt weiter vor, als erstes Treffen die bestgeschützten und stärkstarmierten Panzer, grundsätzlich also die mittleren, zu verwenden, mit der einzigen Aufgabe, den letzten Schüssen der Artillerie unmittelbar zu folgen und die Panzerabwehrgeschütze zu entdecken und zu vernichten. Als zweites Treffen sollen die Begleitkampfwagen den mittleren auf einige hundert Meter Abstand folgen. General Brossé verspricht sich einen fühlbar schnelleren Verlauf des Angriffs unter erheblich geringerem

*) Nr. 6 vom Juni 1937.

Munitionsaufwand als 1918. Er zieht aus seinen eingehenden Untersuchungen folgende Schlüsse:

„In einem zukünftigen Streitfall wird angesichts der gewaltigen Menge von Maschinenwaffen, mit denen der Verteidiger das Gelände besäen wird, eine angreifende Infanterie völlig unfähig sein, ihn daraus zu vertreiben, wenn sie nicht von einem äußerst starken Material unterstützt wird, einem wesentlich stärkeren, als es während der letzten Abschnitte des großen Krieges für nötig erachtet wurde.

Wie 1918 wird die Führung die Masse der verfügbaren materiellen Mittel auf eine kleine Anzahl Abschnitte zusammenfassen, in denen sie sich entschlossen hat, heftige Schläge zu erteilen . . . Die anderen Teile des weiten Schlachtfeldes werden zeitweise nebensächlich, die Truppen dort verharren in der Verteidigung oder werden zurückgenommen.

Von den mit Angriffsaufträgen versehenen Kräften werden die für die Hauptoperation bestimmten mit einer gewaltigen Menge neuzeitlicher Panzer auszustatten sein; aber die Mehrzahl der übrigen wird als Unterstützungswaffe für die Infanterie nur über Artillerie verfügen." Wir sehen hier eine vollkommene Abkehr von dem Gedanken einer gleichmäßigen organischen Verteilung der Panzer auf die Infanterie-Divisionen.

Die von General Brossé vorgeschlagene Taktik wird noch ausgesprochener entwickelt werden müssen, wenn wir uns vergegenwärtigen, daß bald nach dem Einbruch mit dem Gegenangriff feindlicher Panzer zu rechnen ist. Vom siegreichen Bestehen des Kampfes gegen die feindlichen Panzer hängt der Ausgang der Schlacht ab. Für diesen Kampf mit starken Kräften und wohlgeordnet in die Tiefe der Kampfzone des Verteidigers zu gelangen, ist die wichtigste Aufgabe der Panzerführung beim Angriff. Alle bis dahin etwa errungenen Vorteile werden hinfällig, wenn es nicht gelingt, die Panzerabwehr und sodann die Panzertruppen des Verteidigers zu schlagen. Erst wenn diese vom Standpunkte der Panzer und der höheren Führung wichtigste Aufgabe gelöst ist, kann an das nunmehr nicht allzu schwierige Aufräumen der Infanteriekampfzone des Verteidigers gedacht werden.

Jüngste Kriegserfahrungen

Der Krieg in Abessinien sah die Italiener insofern in einer günstigen Lage, als ihre Gegner weder über eine nennenswerte Panzerabwehr noch über eigene Panzer verfügten. Der von ihnen verwendete Panzer vom Typ Fiat Ansaldo (vgl. Bild 5) war mit zwei Mann besetzt, mit Maschinengewehren bestückt und besaß keinen drehbaren Turm; er konnte nur in der Marschrichtung feuern; der starre Einbau der Maschinengewehre und die ungenügende Sicherung der Sehschlitze erwiesen sich als nachteilig und verursachten Verluste. Die verfügbaren 300 Panzer hatten mit außergewöhnlichen Schwierigkeiten des Geländes und des Klimas zu kämpfen, aber weder Sandwüste noch Hochgebirge haben sich als unüberwindliche Hindernisse erwiesen. Der Motor in der Luft und auf der Erde gibt dem Feldzug in Abessinien das Gepräge.

Im Zusammenhang mit den Ereignissen in Abessinien spielten sich aber auch anderwärts militärische Kräfteverschiebungen ab, die ein Schlaglicht auf die Bedeutung der Luft- und der Panzerwaffe bei zukünftigen Verwicklungen werfen. Als die Drohungen des von England geführten Völkerbundes die Gefahr kriegerischer Verwicklungen im Mittelmeer heraufbeschworen, sah sich England aus Sorge vor italienischen Luftangriffen veranlaßt, seine in Malta stationierte Mittelmeerflotte nach Alexandria zu verlegen. Auf die Nachricht von der Überführung mechanisierter italienischer Divisionen und Bombengeschwader nach Libyen, nahe der ägyptischen Grenze, wurden die neu errichteten Bombengeschwader und die wenigen neuen Panzer des Mutterlandes, etwa 100, beschleunigt nach Ägypten verlegt, während sich die Panzertruppen in England bei ihren Übungen mit Attrappen behelfen mußten.*)

In Spanien traten, soweit bekannt, auf roter Seite die russischen Vickers-6-Tonnen-Panzer auf, die mit dem 4,7-cm-Geschütz und ein bis zwei Maschinengewehren bestückt und in den wesentlichen Teilen SmK-sicher gepanzert waren. Die Nationalisten hingegen verfügten nur über Maschinengewehrpanzer, die mit zwei im Drehturm gelagerten Maschinengewehren bestückt und ebenfalls SmK-sicher gepanzert waren. Abgesehen von Beutestücken scheinen Geschützpanzer auf seiten des Generals Franco nicht aufgetreten zu sein, dagegen verfügten seine Truppen über Panzer-Abwehrgeschütze von 3,7 cm Kaliber.

Die größte Anzahl gleichzeitig verwendeter Panzer belief sich bisher auf etwa fünfzig. Es ist also nicht anzunehmen, daß die kämpfenden Parteien über große Mengen an Panzern oder über schwerere, als die erwähnten Typen verfügten. Weder

*) Liddell Hart, Europe in Arms, S. 102.

nach der Zahl noch nach der Gattung dieser Panzer konnte daher ein sofortiger, durchschlagender Erfolg der Waffe erwartet werden. Es zeigte sich bei den Kämpfen in Spanien wiederum wie bei den wenigen Panzerkämpfen des Weltkrieges, daß Geschützpanzer den M.G.-Panzern überlegen sind. Die Panzerabwehrgeschütze erwiesen sich als gefährlicher Gegner.

In China vollzog sich der rasche japanische Vormarsch durch die innere Mongolei unter weitgehender Ausnutzung des Motors. Bei den Kämpfen um Schanghai sind wiederholt Panzerkampfwagen in größerer Zahl — angeblich bis zu 100 Stück — mit gutem Erfolg aufgetreten, obwohl die Geländeschwierigkeiten in den sumpfigen Reisfeldern außerordentlich groß waren.

Folgerungen

Die Betrachtung der Frage des Zusammenwirkens der Panzertruppe mit den anderen Waffen kann kein abschließendes Ergebnis liefern, weil die Entwicklung der Panzertruppen, ihrer Ergänzungswaffen und ihrer Gegner überall im Fluß ist und keinerlei Anzeichen für ihren baldigen Abschluß vorliegen. Trotzdem müssen aus der bisherigen Entwicklung Folgerungen gezogen werden. Trotzdem kann nicht gewartet werden, bis abschließende Kriegserfahrungen gesammelt wurden, auf die man sich stützen könnte.

Bereits jetzt gibt es eine Reihe von Unterlagen, auf Grund deren sich schon im Frieden Entschlüsse über Aufbau, Gliederung, Ausbildung und Verwendung von Panzertruppen fassen lassen. Als solche können gelten:

1. Das tatsächlich vorhandene Gerät und seine Leistungen;
2. die Herstellungsmöglichkeiten im eigenen Lande;
3. die Unterhaltsmöglichkeit, besonders in bezug auf Betriebsstoff;
4. die Waffenwirkung aus dem Panzer und gegen den Panzer auf Grund der Schießplatzerfahrungen;
5. die Führungsmöglichkeit auf Grund von Übungserfahrungen und hieraus folgernd
6. die Kriegsgliederung;
7. die Natur der voraussichtlichen Kriegsschauplätze und
8. die Rüstung der voraussichtlichen Gegner.

Die verschiedenen Militärmächte gehen in bezug auf die Panzertruppen eigene, noch stark voneinander abweichende Wege. Aber dennoch ist eine große Linie der Entwicklung seit dem Kriege unverkennbar, die sich etwa in folgende Sätze zusammenfassen läßt:

1. Die Bedeutung der Luftwaffe ist unbestreitbar und wird auch von denjenigen zugegeben, die die Lehren des italienischen Generals Douhet nicht allgemein anerkennen wollen. Die Operationen der Luftwaffe bedürfen eines Partners auf der Erde, der in der Lage ist, ihre Aufklärungs- und Kampfergebnisse zu ergänzen und zu sichern. Je schneller, kampfkräftiger und stärker dieser Partner ist, um so besser.

2. Die Stoßkraft, Beweglichkeit und Schnelligkeit der Waffen alter Art reicht nicht aus, um den Angriff so schnell und tief in den Feind zu tragen, daß der Gegner nicht genügend Zeit zu Gegenmaßnahmen fände. Die abstoßende Kraft moderner Feuerwaffen einerseits und die Schnelligkeit, mit der motorisierte Reserven hinter bedrohte Fronten geführt werden können, anderseits, verhindern das entscheidende Ausnutzen errungener Erfolge durch die bisherigen Waffengattungen. Sobald der Verteidiger über motorisierte Reserven verfügt, bedarf der Angreifer gleichfalls motorisierter Kräfte, und umgekehrt.

3. Die Verteidigungskraft der Waffen alter Art genügt nicht, um den zu erwartenden Angriff starker feindlicher Panzerkräfte abzuwehren. Selbst eine reichliche Ausstattung mit Abwehrwaffen vermag die Verteidigung nicht so zu stärken, daß überraschend einsetzende Massenangriffe von Panzertruppen zum Scheitern gebracht werden könnten. Hierzu bedarf es eigener Panzertruppen.

4. Allerdings ist angesichts der zunehmenden Stärke der Abwehr zusammengefaßter Einsatz der gesamten Kraft auch für die Panzertruppen zum Erlangen eines durchschlagenden Erfolges notwendig. Der Angriff der Panzertruppen, der entscheidend wirken soll, muß auf breiter Front angesetzt werden, um den Feind zu hindern, flankierend gegen den Kern des Angriffs zu wirken. Er muß tief gegliedert sein, um seine Flanken sichern zu können und um in sich selbst die Kraft zu besitzen, den Angriff in die Tiefe zu tragen und die aufgerissenen Flanken des Feindes aufzurollen. Entscheidungsuchende Angriffe bedürfen erheblich größere Breiten, als durch eine Brigade gedeckt werden können. Es fochten 1917 bei Cambrai bereits 3 Brigaden zu je 3 Bataillonen auf 10 km Breite ohne jede Tiefengliederung;

1918 bei Soissons 16 Bataillone in zwei Gruppen, davon 12 im ersten, 4 im rückwärtigen Treffen, auf insgesamt etwa 20 km Frontbreite verteilt;

1918 bei Amiens 14 britische und französische Bataillone, davon 2 mit den Kavalleriekorps im zweiten Treffen auf rund 18 km Breite.

Die im letzten Kriegsjahr gewählten Angriffsbreiten sind für entscheidende Kampfhandlungen heute Mindestbreiten, weil mit erheblicher Abwehr durch panzerbrechende Waffen und feindliche Panzertruppen gerechnet werden muß. Die Schlachten der Zukunft werden ein Vielfaches der Zahl an Panzertruppen gegenüber den im Jahre 1918 kämpfenden sehen.

5. Der Panzerangriff muß mit größter Beschleunigung geführt werden, um den Vorteil der Überraschung auszunutzen, tief in den Feind zu gelangen, die Reserven am Eingreifen zu hindern und den taktischen Erfolg zum operativen zu erweitern. Schnelligkeit ist also das Haupterfordernis für die Panzertruppe. „Dahero je viver die Attaquen seynd, je weniger Leute kosten sie, und wann Ihr die Bataillen kurtz ausmachet, so benehmet Ihr, so zu reden, der Zeit die Gelegenheit, Euch viele Menschen wegzureißen, und wann der Soldat auf solche Arth von Euch angeführet wird, so bekommt er ein Vertrauen zu Euch und exponiret sich mit Vergnügen aller Gefahr“ (Friedrich der Große). Weil die schnelle Durchführung des Panzerangriffs von ausschlaggebender Bedeutung ist, kommt es darauf an, die Ergänzungswaffen der Panzerverbände mindestens ebenso schnell zu machen wie diese selbst. Die zum Zusammenwirken mit Panzertruppen bestimmten Ergänzungswaffen bilden zweckmäßig mit der Panzertruppe einen ständigen, neuzeitlichen Verband aller Waffen. Damit ist nicht gesagt, daß nun die ganzen Heere motorisiert werden sollen. Jedes Land wird nach seiner Leistungsfähigkeit verfahren. Es soll aber ausgesprochen werden, daß Panzertruppen ohne schnelle Ergänzungswaffen unvollkommen sind und nicht die größtmögliche Kampfleistung vollbringen können.

6. In grauer Vorzeit bereits bestanden die Heere aus langsamen Infanteristen und aus schnell beweglichen Einheiten, wie Streitwagen, Kriegselefanten oder Reitern. Das Zahlenverhältnis zwischen beiden Gattungen schwankte je nach Führerwillen, Leistungsfähigkeit, Waffentechnik und Kriegszweck. In Zeiten des unentschiedenen, des wenig beweglichen, des Stellungskrieges mußte man sich notgedrungen mit geringen beweglichen Kräften begnügen. Diese Zeiten bedeuteten in der

Regel einen Niedergang der Kriegskunst. Niemand erstrebt sie, niemand kann sie voraussehen. Man kann sich daher nicht auf sie allein einrichten. Immer aber strebten große Feldherren nach entscheidender, also beweglicher Kriegführung und suchten zu diesem Zweck die Zahl ihrer schnellen Truppen in ein günstiges Verhältnis zu der der langsamen Einheiten zu setzen. Alexander besaß bei Beginn seines Krieges gegen Persien 32 000 Mann zu Fuß und 5000 Reiter; Hannibal bei Cannä 40 000 Mann zu Fuß und 10 000 Reiter; Friedrich der Große bei Roßbach 27 Bataillone und 45 Schwadronen. Aus diesen wenigen Zahlen geht hervor, daß die größten Feldherren der Geschichte ein Viertel bis ein Sechstel ihrer Streitmacht beweglich hielten. Auch heute kann den schnellen Verbänden nur dann ein entscheidender Erfolg beschieden sein, wenn sie im Verhältnis zum Gesamtheer stark genug sind. Hannibal übertrug die Ausbildung und Führung der Masse seiner Reiterei bereits in Spanien seinem begabten Bruder Hasdrubal; Friedrich unterstellte bei Roßbach 38 von 45 Schwadronen der genialen Führung eines Seydlitz, der im Frieden bereits maßgebenden Einfluß auf die Ausbildung der preußischen Kavallerie ausübte und mit dessen Namen ihre größten Ruhmestaten verknüpft sind. Improvisationen schneller Truppen und ihrer Stäbe haben sich meist als wenig brauchbar erwiesen; ein Beispiel hierfür bietet — wie obenerwähnt — die Organisation unserer Kavallerie im Jahre 1914. Nur einheitliche, im Frieden bereits geschulte Führung und das Zusammenfassen der schnellen Verbände in Großeinheiten werden auch in ihrer neuzeitlichen Form in Zukunft das Gegebene sein. Für die Führer der schnellen Truppen aber gilt Friedrichs des Großen drastisches Wort: „Seyd also aktiv und infatigable und machet Euch los von aller Faulheit des Leibes und des Verstandes."

Die Darstellung blieb bemüht, den Rahmen des heute technisch Möglichen nicht zu sprengen. Dennoch konnte nicht darauf verzichtet werden, für neue Waffen neue Formen zu suchen. Bedenken werden sich immer einstellen; ihnen zum Trotz wird nur der zum Erfolg gelangen, der den Entschluß zu fassen vermag, ins Ungewisse hinein zu handeln. Die Zukunft wird über den Handelnden milder urteilen als über den Untätigen.

„Bis dahin sind wir, deren Schicksal ohne unser Bewußtsein geknüpft wird, auf unseren Willen gestellt, auf unsere Kühnheit verwiesen, der Stimme unserer Eingebung überantwortet." (Moeller van den Bruck.)

www.ingramcontent.com/pod-product-compliance
Ingram Content Group UK Ltd.
Pitfield, Milton Keynes, MK11 3LW, UK
UKHW041845190726
13854UKWH00002B/718

9 781843 425090